Vera Peiffer

Die Kunst, das Alleinsein zu genießen

Vera Peiffer

Die Kunst,
das Alleinsein zu genießen

Ein Positiv-Training für Singles

Fotos:
S.13: Brice le Frère, S.5 und S.15: GEWA Fotodesign,
S.18: Klaus Lipa, S.19: Robin Laurance, IFA-Bilderteam,
S.20: Christopher Bissel, Tony Stone-Bilderwelten, S.22:
Brice le Frère, S.24: Klaus Lipa, S.26: Martin Rogers, Tony
Stone-Bilderwelten, S. 29: Herbert W. Hesselmann, S.35:
Sigrid Rauch, S.5 und S.36: Gerard Loucel, Tony Stone-Bilder-
welten, S.47: Reinhard Eisele, S.48: Gisela Hösl-Kosbach,
S.50: Reinhard Eisele, S.52: Klaus Lipa, S.53: Hubert Durz,
S.55: Susanne Holzmann, S.56: Andreas Volz, S.61: David
Guyton, IFA-Bilderteam, S.65: Bill Holden, IFA-Bilderteam,
S.70: Susanne Holzmann, S.72: Paul Venning, IFA-Bilder-
team, S.77: Stefan May, Tony Stone-Bilderwelten, S.81:
Reinhard Eisele, S.95: Brice le Frère, S.99: Robin Laurance,
IFA-Bilderteam, S.101: Hubert Seewald, S.103: Klaus Lipa,
S.110: Stefan Hafner, S.113: Elke Zückert

Die Deutsche Bibliothek – CIP-Einheitsaufnahme

Peiffer, Vera:
Die Kunst, das Alleinsein zu geniessen : ein Positiv-
Training für Singles ; Fallstudien, testen Sie sich selbst /
Vera Peiffer. – Küttigen : Midena, 1997
  ISBN 3-310-00267-5

Das Werk einschließlich aller seiner Teile ist urheberrecht-
lich geschützt. Jede Verwertung außerhalb des Urheber-
gesetzes ist ohne Zustimmung des Verlages unzulässig und
strafbar. Das gilt insbesondere für Vervielfältigungen, Über-
setzungen, Mikroverfilmungen und die Einspeicherung
und Verarbeitung in elektronischen Systemen.

Lektorat: M. Schönberger, Augsburg
Umschlaggestaltung: Steinkämper-Lohmann, Igling
Umschlagfoto: Stock image, BAVARIA

MIDENA VERLAG AUGSBURG 1997
© Weltbild Verlag GmbH, Augsburg
Satz: Gesetzt aus der 10,5/15 P. Stone Serif von
Marion Kraus, Midena Verlag
Druck und Bindung: Presse-Druck, Augsburg

ISBN 3-310-00267-5
Printed in Germany

Inhalt

Vorwort
der Autorin

Lieber Leser, liebe Leserin!

»Single werden ist nicht schwer, Single sein dagegen sehr«, denkt sich mancher, der unfreiwillig allein ist. Ehescheidung, der Tod des langjährigen Lebenspartners oder die Tatsache, dass man einfach noch nicht den richtigen Partner gefunden hat, bringen das Alleinsein mit sich, und obwohl das Alleinleben heutzutage keineswegs mehr ungewöhnlich ist, tun sich doch viele schwer damit.

Allein stehende Menschen fühlen sich oft auf das gesellschaftliche Abstellgleis geschoben. Was einem vorher nie aufgefallen war, wird einem jetzt schmerzlich klar – die Welt besteht aus Paaren. Das Gefühl, das fünfte Rad am Wagen zu sein, vereitelt oft die Freude an gemeinsamen Abenden mit Freunden und mangelndes Selbstvertrauen hindert viele Alleinstehende daran, einen Ausflug oder Urlaub auf eigene Faust zu unternehmen.

Doch diese Probleme müssen nicht sein, denn das Solo-Dasein hat auch viele Vorteile. Man kann Neues lernen und sich voll und ganz auf seine persönliche Weiterentwicklung konzentrieren. Das kann Spaß machen und je mehr Freude der Mensch im Leben hat, desto attraktiver wird er für seine Mitmenschen, und entsprechend einfacher wird es dann, neue Freunde zu gewinnen. Alter spielt dabei keine Rolle.

Alleinsein heißt keineswegs einsam zu sein. Lebensfreude ist Einstellungssache und an der Einstellung kann man arbeiten. In den folgenden Kapiteln werden Sie lernen, wie Sie Ihre Gemütslage von negativ auf positiv umpolen können. Klare, einfache Beispiele und Übungen unterstützen Sie dabei, Ängste und Vorurteile über das Alleinsein abzuschütteln, sodass Sie die kostbare Zeit des Alleinseins optimal nützen können. Die Verantwortung für Ihre Lebensfreude liegt bei Ihnen allein: Niemand anders kann Ihnen geben, was Sie sich nicht selbst geben wollen oder können. Glücklichsein ist kein Zufall. Mit Geduld und Übung können Sie vieles erreichen und diese Buch wird Ihnen dabei zur Seite stehen. Machen Sie sich die Mühe, die folgenden, vielfach erprobten Übungen anzuwenden. Sie werden sehen, die positiven Resultate sprechen für sich.

Ich wünsche Ihnen viel Spaß beim Lesen und Üben und denken Sie immer daran: Was andere können, können Sie auch!

Ihre
Vera Peiffer

Die Grundlagen des positiven Denkens

Eine alte indische Legende erzählt von einem Tempel, der sich inmitten eines dichten Dschungels befand. Der Tempel war von großer Schönheit, mit goldenen Wänden, die im Sonnenschein glänzten. Im Inneren war der Tempel mit Tausenden von Kristallspiegeln verziert.

Eines Tages verirrte sich ein Hund im Wald und stand plötzlich vor dem Tempel. Er bewunderte das herrliche Gebäude und beschloss, es sich zu eigen zu machen. Als er den prachtvollen Spiegelsaal betrat, fand er sich Tausenden von Hunden gegenüber, die ihn grimmig anstarrten. Aus Angst, dass diese Hunde ihm seinen Besitz streitig machen könnten, begann der Hund die Zähne zu fletschen und aufgebracht zu bellen und alle Hunde um ihn herum bellten genauso aufgebracht zurück. Das machte den Hund so wütend, dass er sich auf einen der vielen anderen stürzte, dabei gegen einen Spiegel prallte und sich das Genick brach.

Viele Jahre später kam ein anderer Hund am Tempel vorbei. Als er den Spiegelsaal betrat, fand er sich ebenfalls Tausenden von Hunden gegenüber. Er freute sich ungemein, so viele seiner Artgenossen in dieser gottverlassenen Gegend zu finden, und begann heftig mit dem Schwanz zu wedeln, woraufhin alle anderen Hunde genauso freudig zurückwedelten. Das gefiel dem Hund so sehr, dass er immer wieder zum Tempel zurückkehrte, um sich mit seinen neuen Freunden zu treffen.

Wer positive Resultate erzielen will, sollte sein Denken auf positiv umstellen.

Sicherlich haben Sie es schon selbst einmal erlebt, wie wahr die Lehre in dieser Legende ist. Eine positive Einstellung erzielt positive Resultate, wohingegen eine negative Haltung eher Misserfolg nach sich zieht. Aus Angst, dass uns andere Menschen feindselig begegnen könnten, wenn wir auf sie zugehen, benehmen wir uns aggressiv, um uns damit gegen einen imaginären Angriff zu wappnen. Wir lassen unseren negativen Gedanken freien Lauf und erzeugen damit unangenehme Gefühle in uns, die es uns dann schwer machen, uns in angemessener Weise auszudrücken oder zu benehmen. Wenn wir dann entsprechend behandelt werden und eine unfreundliche Antwort bekommen, sehen wir das als Bestätigung unserer ursprünglichen negativen Gedanken an und sind bei der nächsten Gelegenheit doppelt skeptisch, ob andere Menschen hilfsbereit und freundlich sind.

Beim positiven Denken geht es darum, diesen negativen Ablauf in sein Gegenteil umzukehren. Negative Gedanken drücken sich in negativen Resultaten aus, wohingegen eine positive Erwartungshaltung entscheidend zum erfolgreichen Gelingen einer jeden Handlung beiträgt. Das heißt allerdings keineswegs, dass Sie von jetzt an alles nur durch eine rosarote Brille sehen dürfen. Positives Denken hat nichts mit wirklichkeitsfremden Träumereien zu tun, ganz im Gegenteil. Ein positiver Denker ist ein Realist mit einer optimistischen Erwartungshaltung, die ihm hilft, Probleme ruhig und gelassen anzugehen, die kleinen und großen Freuden und Erfolge im Leben zu vermehren und dann von ganzem Herzen zu genießen. Um dieses Ziel zu erreichen, heißt es umlernen. Die alte Angewohnheit, sofort das Schlimmste zu erwarten, muss in neue Bahnen gelenkt werden und dazu gehört eine Portion Gedankendisziplin. Wer es sich erst einmal angewöhnt hat, negativ zu denken, merkt sehr bald, wie schnell und automatisch diese Gedanken zur Stelle sind, wenn man morgens die Augen aufschlägt:

Wer nicht mit schlechten Gedanken in den Tag starten will, muss sich positive machen!

> »Schon wieder zur Arbeit! Schrecklich!«
> »Ich bin mal gespannt, was heute wieder alles schief geht!«
> »Wenn ich das schlechte Wetter sehe, habe ich schon keine Lust aufzustehen.«

Das Traurige an diesen Gedanken ist, dass noch gar nichts passiert ist, Sie aber trotzdem schon schlechte Laune haben. Wäre es nicht wesentlich angenehmer, fröhlich die Beine aus dem Bett zu schwingen, in der freudigen Erwartung, etwas Schönes zu erleben? Keiner hat gerne schlechte Laune, also warum nicht ein bisschen Zeit ins positive Denken investieren?

Ruhiger Körper, ruhiger Geist

Als erstes ist es wichtig, den Körper zu entspannen. Positive Gedanken können sich nur dort entfalten, wo Ruhe herrscht. Nehmen Sie sich jeden Tag fünf bis zehn Minuten Zeit, entweder morgens oder abends, die folgende Übung durchzuführen:

Entspannungs-übung

So wird's gemacht

- Setzen oder legen Sie sich bequem hin. Lockern Sie enge Kleidung.
- Atmen Sie dreimal tief ein und aus, dann schließen Sie die Augen.
- Stellen Sie sich vor, dass Ihre Füße ganz schwer werden, schwer wie Blei. Sagen Sie im Geiste: »Füße schwer und schwerer, schwer wie Blei.«
- Wiederholen Sie den gleichen Vorgang bei Ihren Beinen: »Beine schwer und schwerer, schwer wie Blei«, dann der Reihe nach bei Ihren Händen, Armen, dem Rücken und dem Kopf.
- Bleiben Sie in dieser Ruhelage mit geschlossenen Augen, solange es geht, und seien Sie sich der Schwere Ihres Körpers bewusst.
- Öffnen Sie jetzt Ihre Augen wieder und stehen Sie *langsam* auf.

Wussten Sie, dass alleine Ihr Kopf etwa 5 Kilo wiegt? – Selbst wenn sich Ihre Gliedmaßen nicht wirklich schwer anfühlen, stellen Sie sich vor, *wie es wäre, wenn Sie diese Schwere fühlen könnten*. Nach einigen Versuchen werden Sie schon spüren, wie sich ein körperliches Wohlgefühl in Ihnen ausbreitet, das auch die Gedanken positiv beeinflusst.

Körperliches Wohlbefinden beeinflusst Ihre Gedanken positiv.

Es ist nicht notwendig, diese Übung völlig perfekt zu beherrschen; Resultate können schon erzielt werden, wenn Sie sich einigermaßen gut auf die verschiedenen Gliedmaßen konzentrieren können. Perfektionismus ist weder notwendig noch erwünscht, ganz im Gegenteil! Richten Sie Ihr Augenmerk beim Üben auf das, was schon gut klappt, und verschwenden Sie Ihre Zeit nicht damit, sich darüber zu ärgern, dass Sie nicht gleich alles einwandfrei beherrschen. Entspannung kann man nicht willentlich erzwingen, man kann sie nur freundlich zu sich einladen. Seien Sie sich selbst gegenüber bitte fair: Vielleicht ist diese Art Übung ja ganz neu für Sie und da ist es doch selbstverständlich, dass nicht alles sofort klappt. Immerhin würde es Ihnen ja auch nie in den Sinn kommen, Ihr fünfjähriges Kind vom Kindergarten weg gleich auf die Universität zu schicken, oder?

Wenn Sie diese Entspannungsübung einigermaßen beherrschen, können Sie bereits eine positive Kurzformel in den letzten Teil der Entspannung miteinbeziehen. Wählen Sie unter den folgenden Formeln eine aus, die Ihnen besonders zusagt, und denken Sie sie mehrmals hintereinander, nachdem Sie alle Gliedmaßen entspannt haben.

Achtung: Entspannung lässt sich nicht erzwingen!

Gehen Sie ruhig und entspannt an Ihre Arbeit heran. Mit gelassenem Optimismus stellt sich der Erfolg von allein ein.

13

Kurzformeln

- Ich sehe jedem neuen Tag mit ruhiger Freude entgegen.
- Ich liebe das Leben und bin warm und aufgeschlossen.
- Ich bin stark und gelassen und ich kann es mir erlauben, mich zu entspannen.
- Mit jedem Tag fühle ich mich positiver und optimistischer.
- Heute gelingt mir vieles und ich freue mich über alle meine Erfolge.

Sie können auch verschiedene Teile der einzelnen Sätze untereinander auswechseln. Beachten Sie dabei aber, dass Sie nur positive Wörter und Redewendungen verwenden. Statt »Ich bin nicht angespannt« benutzen Sie bitte »Ich bin ruhig und gelassen«, statt »Ich habe keine Angst« sagen Sie sich »Ich habe Vertrauen in meine Fähigkeiten«. Am Anfang mögen Sie diesen Kurzformeln skeptisch gegenüberstehen, aber Sie werden sehen, wie Sie diese Sätze nach einer Weile mit mehr Überzeugung denken können. Bitte durchhalten! Alte Gewohnheiten lassen sich nicht mit ein- oder zweimaligem Üben abstellen.

Halten Sie durch, auch wenn sich der Erfolg nicht sofort einstellt.

Die positiven Kurzformeln können auch ohne die Entspannungsübung tagsüber zwischendurch immer wieder benutzt werden, um die Gedanken positiv zu stimmen. Verwenden Sie Ihre Lieblingsformel, wenn Sie im Supermarkt in der Schlange warten müssen, während Sie an der roten Ampel stehen oder beim Abwaschen. Je öfter Sie die Formel geistig wiederholen, desto fester setzt sie sich im Unterbewusstsein fest, sodass sie schließlich das alte, negative Denkmuster ersetzt.

Ganz am Anfang werden Sie sich wahrscheinlich etwas komisch fühlen, wenn Sie die Kurzformel im Geiste vor sich hersagen. Das geht den meisten Menschen so. Man kommt sich albern vor, weil man nicht glaubt, was man denkt. Irgendwo im Hinterkopf sitzt eine kleine Stimme, die flüstert: »Mach dir doch nichts vor! Du glaubst doch nicht wirklich, dass du heute Schönes erlebst. Dein Chef wird das schon zu verhindern wissen!« Und schon sind die ersten Zweifel gesät, die Sie davon abbringen, mit der Formel weiterzumachen. Gehen Sie dieser inneren Zweifelsstimme nicht in die Falle! Negatives Denken, das sich erst einmal festgesetzt hat, gibt seine Vorzugsstelle im menschlichen Gehirn nicht freiwillig auf und muss daher mit etwas Hartnäckigkeit auskuriert werden.

Lassen Sie sich nicht irritieren, wenn Ihr Unterbewusstsein gegen die positiven Formeln rebelliert?

Fallbeispiel

Herr Fischer (48) hatte im letzten Jahr Pech im Geschäft. Beim Jahresabschluss stellte sich heraus, dass ein langjähriger Mitarbeiter Firmengeld unterschlagen hatte.

Positive Ergebnisse hängen von der richtigen Einstellung ab.

15

Dazu kam noch, dass die Firma im Vergleich zum Vorjahr einen niedrigeren Umsatz gemacht hatte, und der zusätzliche Geldverlust durch die Unterschlagung führte jetzt zu ernsthaften Problemen mit der Bank. Herr Fischer war gleichzeitig wütend und niedergeschlagen und am liebsten hätte er den ganzen Kram hingeworfen. Als er mit dem positiven Denken anfing, fühlte er sich lustlos und depressiv und musste sich täglich zwingen, überhaupt zur Arbeit zu gehen. Er suchte sich folgende Formel aus: »Das lässt sich alles wieder einrenken!« Jedesmal wenn er sich besonders niedergeschlagen fühlte und zum hundertsten Male darüber nachdachte, warum gerade ihm das passiert war, sagte er sich: »Das lässt sich doch alles wieder einrenken!« Nach ein paar Tagen merkte er, wie sich seine Stimmung hob und wie er anfing, aktiv auf diese Formel zu reagieren. »Auf einmal wurde es leichter mit den Problemen fertig zu werden«, berichtete er. »Es war, als hätte ich endlich innerlich die Ärmel hochgekrempelt, sodass ich jetzt wieder voll funktionsfähig war.« – Schon nach kurzer Zeit gelang es Herrn Fischer tatsächlich, alles wieder einzurenken. Mit einigen neuen Ideen gelang es ihm auch, neue Kunden zu werben, sodass sein Geschäft nach der überstandenen Krise wesentlich besser lief als vorher.

Mit welcher Formel finden Sie zu einer neuen Einstellung?

Was Herr Fischer kann, können Sie auch. Denken Sie immer daran: Aufgeben können Sie immer noch, also erst einmal aktiv werden. So mancher hat sich schon gewundert, welche positiven Ergebnisse sich mit der richtigen Einstellung erreichen lassen.

Merksatz

Sie können mehr, als Sie glauben.

Glückliches Alleinsein ist Einstellungssache

Fast alles im täglichen Leben hat seine zwei Seiten und das trifft auch auf das Alleinsein zu. Wir richten oft unsere Aufmerksamkeit ausschließlich auf die Nachteile unserer Situation, ohne den Vorteilen auch nur die geringste Beachtung zu schenken. Und wenn uns dann jemand vorwirft, wir wären negativ, wehren wir diese Kritik ab, indem wir behaupten, doch nur realistisch zu sein.

Aber überlegen Sie doch einmal: Ist es wirklich realistisch, sich ausschließlich auf die Nachteile einer Situation zu konzentrieren? Oder ist dieser Blickwinkel nicht genauso einseitig, als wenn man im Leben immer nur den Kopf in den Sand steckt und so tut, als sei alles in Ordnung, obwohl dem nicht so ist?

Realistisch sein bedeutet einer Situation ausgewogen gegenüberzustehen, und das bedeutet Vorteile zu erkennen, zu genießen und Nachteile entweder gelassen hinzunehmen, soweit sie nicht zu ändern sind, oder aber die Nachteile aus dem Weg zu räumen.

Es ist sehr interessant, verschiedene Leute zum Alleinsein zu befragen. Bei einer Radiosendung, an der ich

Jede Situation hat auch ihre positiven Seiten!

Alter ist kein Hindernisgrund, sich des Alleinseins zu erfreuen. Mit Initiative und Unternehmungsgeist läßt sich vieles erreichen.

vor kurzem teilnahm, wurde ich zum Thema Singles interviewt. Danach konnten Zuhörer anrufen und aus ihrer persönlichen Erfahrung berichten. Die Moderatorin und ich hatten eine Flut von unglücklichen Anrufern erwartet und waren sehr erstaunt, als die nächsten drei Zuhörer, die sich meldeten, das Alleinleben über den grünen Klee lobten!

Fallbeispiel

Eine 65-jährige Dame berichtete, dass ihr Mann vor drei Jahren gestorben sei. Die Ehe war sehr glücklich gewesen und sie vermisste ihren Mann nach wie vor, aber sie genoss das neue Leben trotzdem in vollen Zügen. Ein Jahr nach dem Tode ihres Mannes hatte sie beschlossen eine Anzeige in die Zeitung zu setzen, um andere Damen zu finden, mit denen sie etwas unternehmen konnte. Innerhalb einer Woche meldeten sich sechs Frauen bei ihr. Man traf sich ein paar Mal und allmählich kristallisierte sich ein fester Kern von vier Teilnehmerinnen heraus, die sich regelmäßig zum Kegeln,

Wandern oder zum Abendschoppen trafen. Auf meine Frage, ob sie vielleicht noch einmal heiraten wolle, lachte die 65-jährige und versicherte mir, dass das sehr unwahrscheinlich sei, da sie die Freiheit des Single-Daseins viel zu sehr genieße, um davon in absehbarer Zeit zu lassen.

Wie verschieden das Alleinsein erlebt wird

Wie Sie sehen, muss Alter keineswegs ein Hinderungsgrund sein, um sich am Alleinsein zu freuen. Mit ein bisschen Initiative und Unternehmungsgeist lässt sich vieles erreichen.

Lassen Sie uns jetzt aber erst einmal überprüfen, wie verschieden sich einzelne Situationen für Alleinlebende darstellen können:

Pessimistisch: Damit ist es vorbei! Ich habe einfach nicht genug Selbstvertrauen alleine wegzugehen.
Optimistisch: Dabei fühle ich mich noch etwas ängstlich, aber mit etwas Übung komme ich sicher bald dar-

Ausgehen

Alleine ausgehen: Ich fange am besten mit einem Besuch im Cafe an!

19

über hinweg. Ich fange einfach mal mit einem kleinen Besuch im Café an.

Freunde besuchen

Pessimistisch: Alle meine Freunde sind verheiratet, nur ich nicht. Da bin ich doch nur das fünfte Rad am Wagen. Nein danke, ich bleibe lieber zu Hause!
Optimistisch: Menschlicher Kontakt ist mir wichtig und ich mag meine Freunde. Darum gehe ich sie auch weiterhin besuchen, obwohl ich jetzt solo bin.

Urlaub

Pessimistisch: Nein, das könnte ich nicht! Da käme ich mir ja wie ein Kalb mit zwei Köpfen vor und die anderen Leute im Ferienort fänden das bestimmt auch sehr komisch, dass jemand allein wegfährt.
Optimistisch: Das wird sicher eine ganz schöne Umstellung bedeuten allein wegzufahren. Ich probier's aber trotzdem aus, vielleicht lerne ich ja sogar ein paar nette Leute kennen ...

Finanzen

Pessimistisch: Das habe ich noch nie gekonnt. Das hat immer mein Mann gemacht.

Allein in den Urlaub? Ich probier es aus, vielleicht lerne ich ein paar nette Leute kennen!

Optimistisch: Oh je, das ist ein Gebiet, um das ich mich nie gekümmert habe. Na ja, da werde ich mich einmal mit jemandem zusammensetzen müssen, der davon etwas versteht. Man kann schließlich alles lernen.

Pessimistisch: Auch das noch! Die kleinen Portionen im Supermarkt sind natürlich viel teurer als die großen. Das ist doch zu ärgerlich!

Lebenshaltungskosten

Optimistisch: Jetzt habe ich mal die Gelegenheit, mich auf gesündere Kost umzustellen. Frisches Gemüse ist gar nicht so teuer in kleinen Portionen.

Pessimistisch: Ohne einen Partner interessiert mich mein Beruf auch nicht. Es hat doch alles keinen Sinn.

Arbeit

Optimistisch: Jetzt oder nie! Jetzt habe ich die einzigartige Gelegenheit, mich voll in meine Karriere zu stürzen und beruflich weiterzukommen.

Pessimistisch: Ich langweile mich so an den Wochenenden. Es gibt einfach nichts, was ich allein machen möchte.

Freizeit

Optimistisch: Jetzt habe ich endlich einmal Zeit, etwas Neues auszuprobieren. Ich bin sicher, dass ich bald etwas finden werde, was mich interessiert und sich zu einem Hobby ausbauen lässt.

Warum es sich mit etwas Courage leichter lebt

Wenn Sie einmal die oben angeführten Beispiele genau ansehen, werden Sie feststellen, dass der Hauptunterschied zwischen der pessimistischen und der optimistischen Aussage im Selbstvertrauen des einzelnen liegt.

Wem es an Courage fehlt, der sagt schnell: »Das kann ich nicht«, wohingegen der eher entschlossene Mensch davon ausgeht, dass er etwas zwar *jetzt noch nicht* kann, aber es bald lernen wird.

Wir machen oft den Fehler zu glauben, dass Menschen, die im Leben etwas erreichen, eine besondere Begabung besitzen. Viele meinen, dass es einer höheren Schulbildung bedarf, um es im Leben zu etwas zu bringen. Wenn Sie dieser Meinung sind, dann darf ich Ihnen versichern, dass es genauso viele Dummköpfe mit Universitätsabschluss gibt wie mit Hauptschulabschluss. Die Fähigkeit, akademisch arbeiten zu können, bedeutet noch lange nicht, dass ein Mensch die erforderlichen Qualitäten besitzt, ein glückliches und harmonisches Leben zu führen. Ein gutes Elternhaus, eine höhere Schulbildung, ein hoher Intelligenzquotient, eine gesunde Finanzlage und »Beziehungen« werden oft als

Nicht Begabung oder Ausbildung sind das Geheimnis des Erfolgs, sondern die Bereitschaft, Neues zu lernen und auszuprobieren.

Gründe angesehen, weshalb jemand im Leben erfolgreich ist. Doch in Wirklichkeit geht der Unterschied zwischen erfolgreichen und erfolglosen Menschen auf etwas ganz anderes zurück, nämlich auf die Bereitschaft, Neues zu lernen und auszuprobieren. Wenn wir das jetzt einmal auf die Kunst des glücklichen Alleinseins beziehen, dann heißt das, dass auch hier Übung den Meister macht.

> **Man kann alles lernen.**

Merksatz

Warum es beim Lernen weniger auf Talent als auf Hartnäckigkeit und Lernwillen ankommt

Manche Menschen lernen schneller, andere langsamer, doch das Lerntempo spielt letzten Endes keine Rolle. Genauso wie Kleinkinder verschieden lang brauchen, bis sie laufen, reden, schreiben oder lesen können, verhält es sich auch später im Leben bei den Erwachsenen, nur dass Erwachsene viel schneller aufgeben als Kinder. Schauen Sie sich doch nur einmal ein Baby an: Auch wenn es schon zehnmal erfolglos versucht hat, sich am Tischbein hochzuziehen, macht es weiter, elfmal, zwölfmal, *bis es klappt.* Und die erwachsenen Zuschauer sind ganz begeistert, auch wenn das Baby es noch nicht ganz geschafft hat, weil sie wissen, dass es jetzt nur noch eine Frage der Zeit ist, bis der oder die Kleine es kann. Es würde keinem Erwachsenen im Traum einfallen, das Baby als Versager abzustempeln, nur weil es sein Ziel noch nicht erreicht hat. Warum also schreiben wir uns selbst

Was wir von Kindern lernen können ist Beharrlichkeit und Selbstvertrauen; denn Lernerfolg ist häufig nur eine Frage der Zeit.

23

Kinder sind uns in ihrem Lerneifer haushoch überlegen. Erinnern wir uns doch daran, wie stolz wir auf unsere Leistungen waren.

so schnell ab, nur weil wir etwas noch nicht gelernt haben? Wir kommen uns Kleinkindern gegenüber oft so viel klüger vor, aber in Wirklichkeit sind uns Kinder in vielem haushoch überlegen. Lernen kann Spaß machen. Erinnern wir uns doch wieder daran!

Aber bevor wir mit neuen Übungen weitermachen, kontrollieren Sie erst einmal, wie es denn mit Ihrer persönlichen Einstellung zum Alleinsein steht. Beantworten Sie die Fragen, ohne lang nachzudenken. Machen Sie *erst* den Test und schauen Sie *dann* die Ergebnisse nach.

Machen Sie es sich selbst schwer, allein zu sein?

Test

Geben Sie sich einen Punkt für jede Aussage, mit der Sie übereinstimmen.

1. Der Mensch kann nur zu zweit glücklich sein.
2. Allein sein heißt einsam sein.

3. Allein stehende Menschen haben es im Leben schwerer.

4. Singles sind bei Paaren unbeliebt.

5. Wer mit fünfunddreißig noch immer solo ist, wird von seinen Mitmenschen mitleidig belächelt.

6. Es ist sehr schwierig, allein etwas zu unternehmen.

7. Wenn man allein zu einer Feier geht, macht man sich automatisch lächerlich.

8. Singles sind langweilige oder schwierige Menschen, die es nicht geschafft haben, einen Partner zu finden oder eine Partnerschaft aufrecht zu erhalten.

9. Allein stehende Menschen sind Versager.

10. Je länger jemand allein ist, desto verbitterter wird er.

Punkteauswertung

Wenn Sie nun nur einmal oder aber zehnmal eine der obigen Aussagen bejaht haben, dann sollten Sie sich baldmöglichst um eine Änderung Ihrer Einstellung kümmern. Je mehr Punkte Sie gesammelt haben, desto dringender ist eine Revision angebracht. Sämtliche Aussagen sind nämlich Klischees, die in Ihrem eigenen Kopf spuken und Ihnen das Leben vergällen. Damit soll nicht gesagt werden, dass die Gesellschaft heutzutage nicht noch immer gewisse Vorurteile Alleinstehenden gegenüber hat, aber das ist noch lange kein Grund, dass Sie diese gelegentlichen Vorurteile auch noch durch Ihre eigene Denkweise unterstützen.

Schauen wir uns doch einmal an, warum die obigen Aussagen nicht einfach so hingenommen werden können:

> Erfolg stellt sich schneller ein, wenn Sie erst einmal mit Ihren eigenen Vorurteilen aufgeräumt haben.

Alleinsein heißt nicht zwangsläufig einsam zu sein. Gute Gespräche sind unter Freunden manchmal intensiver als unter Lebenspartnern.

1. Der Mensch kann nur zu zweit glücklich sein.

Diese Aussage ist unsinnig, weil es sehr darauf ankommt, wie harmonisch die Beziehung zu Ihrem Partner ist. Für viele Menschen, die mit ihrem Partner ständig Reibereien erleben, ist die Zweisamkeit alles andere als glücklich.

2. Allein sein heißt einsam sein.

Keineswegs. Es kommt sehr darauf an, was Sie aus Ihrer Zeit alleine machen. Es gibt schließlich keine Regel, die besagt, dass Sie sich nicht mit anderen Menschen treffen können. Offene Gespräche sind unter Freunden oft intensiver als zwischen Lebenspartnern. Einsamkeit ist kein Vorrecht der Singles – auch in einer nicht funktionierenden Ehe können Partner sich einsam fühlen.

3. Allein stehende Menschen haben es im Leben schwerer.

Dieser Satz ist genauso wahr wie sein Gegenteil. Als allein stehender Mensch haben Sie es auch sehr viel leichter. Sie brauchen sich um niemanden anderen zu kümmern, Sie können machen, was Sie wollen, sei es ungestört Ihre Lieblingsprogramme im Fernsehen ansehen, unrasiert oder mit Lockenwicklern im Haar und einer dicken Schicht Nährcreme auf dem Gesicht am Frühstückstisch erscheinen, einer Diät ungestört nachgehen oder am Wochenende den ganzen Tag im Morgenmantel herumsitzen. Und da würde Sie sicher mancher beneiden, der sich diesen Luxus nicht leisten kann.

4. Singles sind bei Paaren unbeliebt.
Das kommt sehr darauf an, wie sich ein Single benimmt. Wenn Sie hemmungslos mit den Partnern Ihrer Freunde flirten oder eine große Schau abziehen, wenn Sie eingeladen sind, dann ist es kein Wunder, dass Sie nicht gern gesehen werden. Solange Sie sich natürlich, nett und freundlich benehmen, besteht kein Grund, warum Sie nicht gerne gesehen sein sollten. Wenn Sie die Vermutung haben, daß Ihre Beziehung zu befreundeten Ehepaaren gestört ist, dann fragen Sie doch einfach, ob etwas nicht in Ordnung ist. Auf diese Weise können Sie etwaige Probleme aus dem Weg räumen. Manchmal sind Menschen in einer Paarbeziehung auch etwas neidisch auf die Freiheit, die Singles genießen, und das kann sich manchmal in Unfreundlichkeit ausdrücken.

Hartnäckigen Vorurteilen und Klischees begegnet man am besten mit Selbstbewusstsein.

5. Wer mit fünfunddreißig noch immer solo ist, wird von seinen Mitmenschen mitleidig belächelt.
Das mag wohl sein, aber es sind wirklich nur die Dummen oder Einfältigen, die diese Meinung vertreten. So mancher hat es schon bedauert, sein Jawort zu früh oder unüberlegt gegeben zu haben, was an der hohen Schei-

dungsrate heutzutage deutlich wird. Ist es nicht eher ein Zeichen von Intelligenz und Lebensweisheit, wenn jemand abwartet, bis er wirklich den Partner fürs Leben gefunden hat?

6. Es ist sehr schwierig, allein etwas zu unternehmen.
Es ist sicherlich am Anfang des Alleinseins nicht so einfach, sich auf seine Eigeninitiative zurückzubesinnen (oder, in manchen Fällen, diese Eigeninitiative überhaupt erst einmal zu entwickeln). Die obige Aussage mag vielleicht für die Anfangszeit zutreffen, ist aber generell einfach nicht wahr. Sofern Sie willens sind, sich einige neue soziale Fertigkeiten anzueignen, wird es zunehmend einfacher, allein etwas zu unternehmen.

Was andere denken, können Sie nicht wissen. Blockieren Sie sich nicht damit, sich darüber Sorgen zu machen!

7. Wenn man allein zu einer Feier geht, macht man sich automatisch lächerlich.
Wieso? Finden *Sie* es lächerlich, wenn Sie jemandem bei einer Feier begegnen, der solo ist? Wenn Sie nichts dabei finden, dann verschwenden Sie doch bitte Ihre Zeit nicht damit, anderen Negatives in den Mund zu legen. Sie wissen nicht und werden es nie wissen, was andere Leute von Ihrem Solo-Zustand halten. Sie können die Gedanken anderer nicht lesen, also weigern Sie sich doch einfach, sich darüber Sorgen zu machen, was andere denken.

8. Singles sind langweilige oder schwierige Menschen, die es nicht geschafft haben, einen Partner zu finden oder eine Partnerschaft aufrecht zu erhalten.
Partnerschaften gehen aus verschiedenen Gründen auseinander, nicht nur weil einer der Partner ein langweiliger oder schwieriger Mensch ist. Paare können sich

im Laufe der Jahre auseinander leben, Menschen verändern sich und
stecken sich neue Ziele, und wenn
sich der Lebenspartner nicht gleichermaßen weiterentwickelt, kann
das zu Spannungen und leider auch
manchmal zur Auflösung einer Ehe
führen.

Menschen, die sich noch nicht
gebunden haben, tun das oft, weil
im Augenblick andere Schwerpunk-
te im Leben vorliegen, zum Beispiel
die Karriere oder das Reisen. Da
Singles oft unternehmungslustiger
sind als Paare, sind viele Singles
nicht nur *nicht* langweilig, sondern
sogar sehr interessante Leute.

9. Allein stehende Menschen sind Versager.
Ganz im Gegenteil! Die Zeiten sind vorbei, zu denen die
Menschen nur zusammen mit einem Partner als sozial
akzeptabel angesehen wurden. Besonders in größeren
Städten sind Singles schon zur Norm geworden und die
wachsende Zahl der Einpersonenhaushalte sorgt von
selbst dafür, dass sich auch die Einwohner kleinerer Or-
te an ihre jüngeren und älteren Alleinstehenden ge-
wöhnen.

> *Singles sind keine
> Langweiler! Viele
> setzen nur für
> den Moment ihre
> Schwerpunkte
> im Leben anders:
> z. B. Ausbildung,
> Karriere, Reisen.
> Prägen Sie sich
> positive Bilder
> vom Alleinsein
> ein!*

10. Je länger jemand allein ist, desto verbitterter wird er.
Diese Aussage ist nur bedingt richtig. Manche Menschen brauchen einen großen persönlichen Freiraum,
um sich wohl zu fühlen, und würden sich entsprechend
gestresst vorkommen, wenn sie ständig jemanden um
sich herum hätten. Aus diesem Grund sind diese Men-

schen auch viel gelassener und besser gelaunt, wenn sie mehr allein sind.

Die Mehrzahl der Singles braucht allerdings regelmäßigen menschlichen Kontakt zum Glücklichsein, und solange sie diesen Kontakt suchen und pflegen, gibt es keinen Grund, warum sie verbittert sein sollten.

Dann bedeutet Alleinsein Muße, die sie genießen, und keineswegs Einsamkeit!

Wie man sich von Vorurteilen frei macht

Wir denken oft in Klischees, ohne es zu merken, und um zu vermeiden, dass diese Plattitüden unser Leben regieren, müssen wir uns immer wieder einmal unserer Gedanken klar werden und sie kritisch durchleuchten. Geistig am Ball bleiben zahlt sich aus, denn viele Ängste sind nichts als automatisch übernommene Vorurteile, die man, wenn man es sich richtig überlegt, eigentlich gar nicht stichhaltig belegen kann.

Vorurteile, Klischees und die bequemen »einfachen« Wahrheiten sind hartnäckig. Sie zu bekämpfen heißt geistig »am Ball bleiben«.

Aber wie es nun mal mit wohl etablierten Denkgewohnheiten ist, sitzen sie fest und lassen sich nicht so schnell verscheuchen, nachdem sie jahrelang und ungehindert in Ihrem Gehirn mietfrei gehaust haben. Entsprechend müssen Sie dann eben auch mit Elan an die Bekämpfung dieser alten Vorurteile gehen und dabei können Ihnen die Kurzformeln des positiven Denkens entscheidend helfen.

Suchen Sie sich also bitte wieder eine Formel aus, die Sie regelmäßig und mehrmals täglich benutzen, entweder in Verbindung mit der Entspannungsübung oder auch allein.

- Mit jedem neuen Tag kann ich dem Alleinleben mehr Vorteile abgewinnen.
- Ich freunde mich schnell und leicht mit dem Alleinleben an.
- Ich freue mich jeden Tag über die guten Fortschritte, die ich mache.
- Ich schätze mich glücklich, all die Vorteile des Alleinlebens voll auskosten zu können.
- Wer wagt, gewinnt! Heute probiere ich wieder etwas Neues aus.
- Mein Selbstvertrauen festigt sich mehr und mehr.

Sie können diese neuen Kurzformeln auch ruhig mit einer der Formeln aus dem ersten Kapitel kombinieren, sodass Sie sich, während Sie weiter im Buch lesen, allmählich einen etwas längeren positiven Text zusammenstellen (siehe auch S. 115).

Warum Sie Verhaltensänderungen mit positiven Gefühlen fördern können

Noch ein Tip für das Hersagen (oder -denken) der Kurzformel: Egal wie unwahrscheinlich Ihnen Ihre Formel vorkommt, sagen oder denken Sie sie *mit Gefühl*. Tun Sie einfach so, als ob Sie glaubten, was Sie sagen. Stellen Sie sich vor, dass Sie Ihr Ziel schon erreicht haben und zum Beispiel jetzt schon voller Selbstvertrauen sind. Je mehr Gefühl Sie in Ihre Kurzformel legen, desto stärker prägt sie sich ins Unterbewusstsein ein. Das Unterbewusstsein kann nämlich nicht unterscheiden, ob Sie etwas tat-

Denken Sie Ihre Kurzformeln mit Gefühl.

sächlich tun oder ob Sie es sich nur vorstellen. Wenn Sie zum Beispiel die Formel »Ich schätze mich glücklich, all die Vorteile des Alleinlebens voll auskosten zu können« gewählt haben, dann sagen oder denken Sie den Satz sozusagen freudestrahlend. Wenn es gar nicht anders geht, stellen Sie sich einfach vor, Sie wären ein berühmter Schauspieler, der sich auf seine Rolle vorbereitet und sich so mit seiner Rolle identifiziert, dass er sich in den jeweiligen Charakter hineinversetzen kann. Selbst wenn Sie also nur so tun, als wären Sie diese unabhängige und selbstsichere Person, fängt das Unterbewusstsein trotzdem langsam an, diese neue Rolle zu übernehmen, bis Sie schließlich wirklich nicht mehr vorgeben müssen, sich am Alleinsein zu freuen, sondern wirklich Spaß daran haben.

Probieren Sie das gefühlsbetonte Denken der Formel jetzt gleich einmal aus, bevor Sie mit dem nächsten Kapitel weitermachen.

Wie Sie Umstellungen meistern

Wenn Sie Ihren Ehepartner erst vor kurzem durch Scheidung oder Tod verloren haben, ist die Umstellung aufs Alleinsein nicht einfach. Sie haben jetzt nicht nur mit der Trauer um den verlorenen Partner zu kämpfen, sondern auch mit der Umstellung auf ein Leben allein. Besonders wenn Sie nach wie vor in der ehemals gemeinsamen Wohnung bleiben, wo Sie alles an Ihren Partner erinnert, kann diese Doppelbelastung schwer zu ertragen sein. Es ist, als erinnerten die Möbel und die Tapeten an den Wänden Sie ständig an Ihren Partner. Einige Gegenstände mögen Ihrem Ehepartner gehört haben oder ein Geschenk von ihm gewesen sein, andere Dinge haben Sie vielleicht gemeinsam angeschafft. Sie können der Vergangenheit einfach nicht entrinnen, weil alles um Sie herum Sie an gemeinsame Zeiten erinnert. Das kann so weit gehen, dass mancher sogar noch nach Monaten des Alleinseins erwartet, dass der Partner jetzt gleich aus dem Badezimmer kommt oder abends der Schlüssel im Haustürschloss geht.

Keiner kommt um die anfängliche Zeit der Trauer herum. Gefühle des Verlustes sind unvermeidlich und

> Wenn alles an gemeinsame Zeiten erinnert.

33

zur seelischen Verarbeitung der Umstellung unumgänglich. Dennoch gibt es einiges, das Sie tun können, um sich etwas Erleichterung zu verschaffen.

Akzeptieren Sie Ihre Gefühle. Nach einem Verlust wie dem Tod des Partners oder einer Scheidung durchläuft der Mensch eine Reihe widersprüchlicher Gefühle. Enttäuschung und Ärger sind oft genauso stark wie Traurigkeit, Trostlosigkeit und Verzweiflung. Wie aus dem Nichts tauchen die unterschiedlichsten Gefühle auf und beuteln den verlassenen Menschen oftmals so sehr, dass nachts von Schlaf keine Rede sein kann.

Diese Reaktionen sind unangenehm, aber unumgänglich. Stimmungsschwankungen sind durchaus normal, aber Sie brauchen ihnen nicht 24 Stunden am Tag nachzugeben. Wenn Sie weinen müssen, dann weinen Sie ruhig. Sie werden sich oft zurückziehen und keinen Menschen sehen wollen, weil Ihnen einfach nicht danach zumute ist, und das ist auch in Ordnung so. Aber auch die tiefste Trauer wird von ruhigeren Stimmungen abgelöst und in diesen Erholungsphasen ist es gut, sich ein wenig abzulenken. Ein kleiner Spaziergang, ein kurzes Treffen mit einer guten Freundin oder ein Kinobesuch können dazu beitragen, wenigstens für kurze Zeit den Leidensdruck zu lindern. Für viele kann es auch hilfreich sein, sich in die Arbeit zu stürzen, um die Gedanken etwas abzulenken.

Machen Sie freiwillige Veränderungen

Wenn Ihnen das Leben schon eine unfreiwillige Veränderung aufgezwungen hat, dann haben Sie nichts zu verlieren, wenn Sie noch einige weitere Änderungen

In der Trauerzeit ist es besonders wichtig, den Kontakt zu Freunden aufrecht zu erhalten. Ein gutes Gespräch schafft Erleichterung, fast als ob man eine Bürde für einige Zeit ablegt.

vornehmen. Erinnert Sie Ihre Umgebung stark an Ihren früheren Partner, dann modeln Sie doch einfach Ihre Wohnung um! Dazu ist es keineswegs notwenig umzuziehen. In einer Wohnung lässt sich schon mit einfachen Mitteln viel erreichen. Stellen Sie zum Beispiel die Möbel anders oder tapezieren Sie das Wohnzimmer in neuen Farben. Wenn Sie verwitwet sind, steht auch irgendwann die Aufgabe an, die Kleidung Ihres verstorbenen Partners auszuräumen und wegzugeben. Das heißt dann, dass mehr Platz im Kleiderschrank vorhanden ist. Füllen Sie ihn so bald wie möglich mit Ihren eigenen Sachen, denn auch das ist eine Änderung, die den akuten Schmerz langsam abzubauen hilft.

Besonders in der Anfangszeit ist es wichtig, dass Sie viel mit anderen Menschen sprechen. Jetzt sind Freunde wertvoll, die zuhören können und Ihnen den Rücken stärken. Es ist nur natürlich, dass Sie sich zumindest zeitweilig zurückziehen wollen, aber lassen Sie es nicht

Bleiben Sie in Kontakt mit Freunden.

35

zur Gewohnheit werden. Ein gutes Gespräch kann Erleichterung verschaffen, fast so, als würden Sie für kurze Zeit eine Bürde ablegen. Es ist auch wichtig, aus dem Haus zu kommen und sich nicht daheim zu vergraben. Der Zuspruch anderer Menschen ist nicht nur tröstlich, sondern kann Ihnen auch eine neue Perspektive zu Ihrem Problem vermitteln, sodass Sie die Sache aus einem anderen Blickwinkel betrachten können.

Setzen Sie sich neue Ziele.

Solange Sie nach der Trennung oder dem Verlust Ihres Partners noch sehr deprimiert sind, mag es schwierig erscheinen, Neues zu planen. Sie fühlen sich vielleicht lustlos und abgeschlagen und haben keinerlei Ambitionen, sich etwas vorzunehmen. Aber je mehr Sie sich vergraben, desto länger dauert es, bis Sie sich besser fühlen; und darum ist es sinnvoll, sich einen kleinen Stoß zu geben und wenigstens kleinere Unternehmungen zu planen. Ihr Ziel braucht auch gar nichts Großartiges zu sein. Hier sind ein paar Ideen, von denen Sie vielleicht die eine oder andere anspricht:

- Kleinere Gartenarbeiten verrichten
  Das Umgehen mit der Erde und den Pflanzen hat einen hohen therapeutischen Wert. Die Natur besitzt

Alleinsein in der Freizeit: Jetzt haben Sie endlich Zeit, etwas für sich und Ihre Gesundheit zu tun.

etwas Tröstliches und Beruhigendes für viele Menschen.

- Etwas im Blumentopf auf der Fensterbank pflanzen
Richten Sie sich einen kleinen Kräuterkasten her oder säen Sie etwas im Blumentopf, das schnell wächst. Eine Amaryllis wächst mehrere Zentimeter am Tag, sodass Sie fast zuschauen können, wie sich die Pflanze entwickelt. Wenn im eigenen Leben etwas zu Ende gegangen ist, ist es oft tröstlich, den Neubeginn von etwas anderem mitzuerleben.

- Pflanzen umtopfen
Wenn es zufälligerweise die richtige Jahreszeit dazu ist, kann diese Arbeit eine gute Ablenkung bieten.

- Die Küchenschränke ausräumen und innen putzen
Das mag Ihnen als eine langweilige Arbeit erscheinen, aber wenn der Mensch über die Trennungstrauer hinwegkommen will, sind diese simplen Arbeiten eine gute Beschäftigungstherapie.

- Eine kleine Handwerksarbeit anfangen
Wenn Sie Geschick fürs Handwerkliche haben, dann stellen Sie etwas her, das Sie selbst brauchen oder verschenken können.

- Etwas im oder am Haus reparieren
Es gibt vielleicht einiges, was schon lange gemacht oder fertig gemacht werden musste. Jetzt ist die ideale Zeit dafür, sich diesen Arbeiten zu widmen. Das kann zum Beispiel das Ausräumen des Speichers oder Gartenschuppens sein oder das Fertigstreichen eines Zimmers.

Tüfteln in Haus und Garten schafft positive Ablenkung.

- Sport treiben
Es geht hier nicht um Leistungssport, den Sie nun auf einmal anfangen sollen, sondern vielmehr um ein ruhigeres Sich-Bewegen. Schwimmen, Yoga, Atemübungen und flottes Gehen eignen sich sehr gut dazu, das

körperliche und seelische Gleichgewicht wiederherzustellen.

■ Etwas Neues lernen
Ob Sie schon immer schwimmen lernen wollten oder
nur mit dem Briefmarkensammeln anfangen, jetzt
bietet sich Ihnen die ideale Gelegenheit dazu. Sie
können so schnell oder langsam vorgehen, wie Sie
wollen, die Hauptsache ist, es nimmt Ihre Aufmerksamkeit in Anspruch.

Dies ist nur eine kleine Auswahl von Vorschlägen; Sie
haben wahrscheinlich selber einige Ideen, was Sie interessieren könnte. Egal wofür Sie sich letzten Endes
entscheiden, seien Sie sich klar darüber, dass es nichts
Nützliches sein muss, womit Sie sich beschäftigen. Sie
können jetzt völlig Ihren eigenen Vorstellungen nachgehen, und solange es etwas ist, das Sie ablenkt und Ihnen die Zeit vertreibt, sodass Sie sich hinterher besser
fühlen, dann haben Sie sich die richtige Beschäftigung
ausgesucht. Es sind Ihnen keine Grenzen gesetzt, solange Ihre Beschäftigung legal ist und Sie nicht finanzi-
ell ruiniert!

Jede Beschäf-
tigung ist sinn-
voll, die Ihre
Aufmerksamkeit
fesselt und Sie
ablenkt.

Fallbeispiel

Frau Mangold, eine berufstätige Frau in den Dreißigern,
war vor einem halben Jahr von ihrem Mann verlassen
worden. Nach vierjähriger Ehe hatte er ihr plötzlich erklärt, er habe sich in eine andere Frau verliebt und wolle ausziehen. Frau Mangold konnte es nicht fassen. Sie
hatte sich in ihrer Ehe sicher gefühlt und nicht den lei-
sesten Verdacht gehegt, dass etwas nicht in Ordnung
sein könnte. Das gelegentliche späte Nachhausekom-
men ihres Mannes hatte er immer zu ihrer Zufriedenheit mit Arbeitsüberlastung erklärt. »Ich war wie vom

Donner gerührt«, berichtete sie. »Man meint immer, dass das etwas ist, was anderen Leuten passiert. Irgendwie kann man nicht glauben, dass der eigene Mann so etwas fertig bringt.«

Zunächst war sie am Boden zerstört: »Ich fühlte mich verraten und mein ganzes Leben war auf einmal auf den Kopf gestellt. Ich habe mich aber dann viel an meine Freunde angelehnt, die mir in der schweren Anfangszeit zur Seite standen. Was mir aber außerdem geholfen hat, war das Schwimmengehen. Ich bin schon immer gerne geschwommen, hatte es aber viele Jahre vernachlässigt. Ich habe es jetzt wiederaufgenommen und mache es zweimal in der Woche nach der Arbeit. Ich versuche langsam die Anzahl der Bahnen zu steigern, die ich schwimme. Hinterher bin ich immer angenehm müde, sodass es mir leichter fällt abends einzuschlafen. Die regelmäßigen Bewegungen und die Konzentration auf den Schwimmvorgang helfen mir außerdem, wieder einen klaren Kopf zu bekommen, sodass ich mich auch seelisch ausgeglichener fühle. Das Schwimmen hilft mir, zwei Fliegen mit einer Klappe zu schlagen: Einerseits fange ich jetzt an, meine Extrapfunde loszuwerden und andererseits hilft es mir auch, besser mit der Trennung fertig zu werden.«

Wie man sich aus einem Teufelskreis negativen Denkens befreit

Besonders wenn Sie gerade die Trennung von Ihrem Partner durchgemacht haben, kann das Selbstvertrauen empfindlich gestört sein. Bei einer Trennung oder Scheidung kommt meist niemand seelisch ungeschoren davon. Besonders Frauen tun sich schwer, mit der Ab-

Lernen Sie aus Ihren Fehlern.

lehnung ihrer Person fertig zu werden, auch wenn diese nicht immer so unerwartet kommt wie bei Frau Mangold. Die meisten haben doch zumindest eine Ahnung, dass etwas in ihrer Ehe nicht in Ordnung ist, und trotzdem wirft es jeden aus der Bahn, wenn der Trennungswunsch vom Partner zum ersten Mal offen ausgesprochen wird.

Setzen Sie sich nicht durch übermäßige Selbstkritik schachmatt!

Die erste Reaktion ist oft: Was habe ich falsch gemacht? Warum bin ich nicht mehr gut genug? Und dann geht auch schon der innere Teufelskreis des negativen Denkens los. Man wirft sich vor, dass man nicht schlank, jung oder intelligent genug sei, oder man argwöhnt, dass man als Person zu langweilig sei. Hätte man doch nur dies nicht getan oder das nicht versäumt, dann hätte sich der Partner vielleicht nicht vernachlässigt gefühlt ... Mit anderen Worten, die Selbstbeschuldigungen, die jetzt hochkommen, machen die ganze Situation nur noch schlimmer, indem sie das Selbstbewußtsein noch zusätzlich untergraben. Es ist schon schwierig genug, wenn ein anderer Mensch uns zu verstehen gibt, dass er die Beziehung mit uns abbrechen möchte; da brauchen wir uns nun wirklich nicht auch noch selber zu sabotieren. Viel sinnvoller ist es, statt dessen einmal Bilanz zu ziehen, aber auf ruhige Weise.

Was ist schiefgelaufen?

Denken Sie einmal über die folgenden Fragen nach. Nehmen Sie sich Zeit, denn die Antworten, die Sie geben, sind ausschlaggebend für Ihr zukünftiges Verhalten.

1. War die Auflösung der Beziehung wirklich eine Überraschung für Sie oder war sie vorauszusehen?
2. Gab es vielleicht schon vor einiger Zeit Hinweise darauf, dass etwas nicht in Ordnung war? Wenn ja, was für Warnsignale waren schon vor einiger Zeit zu er-

kennen? Und warum haben Sie damals nicht darauf reagiert?

3. Hat Sie Ihr Partner in der Vergangenheit schon mehrmals auf ein Problem angesprochen? Wenn ja, waren Sie zu einem offenen Gespräch bereit oder haben Sie versucht, einer solchen Klärung aus dem Weg zu gehen?

4. Wie hat Ihrer Meinung nach Ihr Partner dazu beigetragen, das Ende der Beziehung herbeizuführen?

5. Wie haben Sie selbst Ihrer Meinung nach dazu beigetragen, das Ende der Beziehung herbeizuführen?

Wenn Sie diese Kernfragen erst einmal sorgfältig beantwortet haben, werden Sie bemerken, dass keine einzige Antwort etwas mit Ihrem Körpergewicht, Ihrem Alter oder Ihrem Intelligenzquotienten zu tun hat. Dicke Frauen haben genauso gute Ehen wie kleine Männer mit Glatze. Worauf es wirklich im Endeffekt ankommt, ist eine gewisse menschliche Reife, die Übereinstimmung über grundsätzliche Werte und die Fähigkeit, offen mit dem anderen Menschen sprechen zu können. Das alte Sprichwort, dass Gegensätze sich anziehen, mag wohl stimmen, die Frage ist nur, wie lange diese Anziehung vorhält. Eine harmonische Partnerbeziehung beruht auf Übereinstimmung und »freundlichen« Kontrasten. Gegensätze mögen in den Flitterwochen noch faszinieren, führen aber später oft zu wenig erfreulichen Auseinandersetzungen.

Worauf es bei einer harmonischen Partnerschaft tatsächlich ankommt.

Wenn Ihre Beziehung erst einmal auseinander gegangen ist, dann ist es wichtig, die Gründe dafür zu untersuchen und zu verstehen, damit Sie bei der nächsten Beziehung nicht noch einmal die gleichen Fehler machen. Schauen wir uns einmal einige typische Unarten an:

Wie können Sie diese Fehler in Zukunft vermeiden?

41

- Man hat von Anfang an nicht zusammengepasst
Vielleicht wollten Sie von zu Hause weg oder aus einer anderen unbefriedigenden Beziehung fliehen und haben sich darum in die nächstbeste Beziehung gestürzt?

- Angst vor dem Alleinsein
Wer es nicht ertragen kann, allein zu leben, ist oft nicht allzu wählerisch, wenn es zur Partnerwahl kommt – Hauptsache, man hat jemanden.

Wie wollen Sie es zukünftig anders machen?

- Schmollen
Anstatt sich auszusprechen, zieht sich mancher ins kindische Schmollen zurück, um damit den Partner zu bestrafen. »Wenn du nicht tust, was ich will, dann rede ich jetzt erst mal nicht mit dir!« Wichtiges bleibt ungeklärt und die Beziehung leidet.

- Hellsehen erwarten
Genauso abträglich ist die Erwartung, dass jemand Ihre Gedanken lesen können muss. »Jetzt sind wir schon so lange zusammen, da müsste er/sie doch langsam wissen, was ich jetzt möchte.«

- Nicht genug Zeit füreinander haben
Wenn jeder nur sein eigenes Leben lebt, dann können sich Partner schnell entfremden. Zur guten Beziehung gehören gemeinsame Unternehmungen und ruhige, private Gespräche zu zweit.

- Zärtlichkeiten vergessen
Wenn man schon lange zusammen ist, dann fallen oftmals die kleinen Liebesbeweise der romantischen Anfangszeit unter den Tisch. Die Einstellung, dass der andere es doch weiß, dass man ihn liebt, hat schon so mancher Beziehung den Todesstoß gegeben.

Das sind nur einige der Gründe, die eine Beziehung gefährlich ins Wanken bringen können. Wenn Sie einen oder mehrere dieser Fehler in Ihrer letzten Beziehung gemacht haben, dann können Sie sich entweder mit dem symbolischen Holzknüppel über den Kopf schlagen oder Sie können mit den Selbstvorwürfen aufhören und auf konstruktives Denken umschalten, und das bedeutet, aus einem alten Fehler etwas zu lernen. Benutzen Sie dazu eine der folgenden Formeln:

Kurzformeln

- Ich verzeihe mir die Fehler, die ich in der Vergangenheit gemacht habe, und lerne aus ihnen.
- Ich arbeite jetzt an mir selbst, um meine Einstellung zu verbessern.
- Ich verzeihe mir und anderen alles und fange jetzt neu an.
- Ich lasse meine Schuldgefühle in der Vergangenheit zurück und gehe mit neuer Tatkraft an die Verbesserung meines Verhaltens.

Sie haben jetzt die einmalige Gelegenheit, an sich selbst zu arbeiten. Dazu ist es nötig, eine Weile allein zu sein, zum einen, weil Sie erst einmal über die alte Beziehung hinwegkommen müssen, und zum anderen, weil Sie wieder zu sich selbst finden sollten, bevor Sie auch nur im entferntesten an eine neue Beziehung denken können. Im Moment heißt es also erst mal Ruhe und Ausgeglichenheit wiederzugewinnen.

Alleinsein hilft jetzt, zu sich selbst zu finden.

Merksatz

Je ruhiger und positiver Sie sind, desto erfolgreicher sind Sie im Leben.

Nutzen Sie Ihre Vorstellungs-kraft.

Wenn es darum geht, die Anfangsphase des Alleinseins erfolgreich zu meistern, dann kann Ihnen Ihre Vorstellungskraft ausgezeichnete Dienste leisten. Die Imagination ist ein bewährtes Mittel dem positiven Denken auf die Sprünge zu helfen. KLAPPEN SIE JETZT BITTE NICHT GLEICH DAS BUCH ZU MIT DEM SEUFZER: »DAS KANN ICH NICHT. ICH HABE LEIDER ÜBERHAUPT KEINE PHANTASIE!« Ich kann Ihnen nämlich ganz leicht beweisen, dass Ihre Vorstellungskraft völlig ausreicht, um die nächste Übung problemlos durchzuführen.

Testen Sie Ihre Vorstellungskraft

Test

Während Sie im Schlafzimmer auf dem Bett sitzen, beschreiben Sie sich selber im Geiste, wie Ihr Wohnzimmer aussieht.

- Was für Sessel oder Sofas haben Sie und wo sind sie im Zimmer plaziert?
- Welche Farben haben die Polster?
- Welche anderen Möbelstücke befinden sich in Ihrem Wohnzimmer?
- Wie viele Fenster hat Ihr Wohnzimmer? Sind die Fenster alle an der gleichen Seite des Zimmers?
- Wo steht der Fernseher?

Dieselben Leser, die gerade noch lamentiert haben, sie besäßen keine Vorstellungskraft, werden jetzt sagen: »Natürlich kann ich das! Immerhin halte ich mich in meinem Wohnzimmer jeden Tag auf. Das ist doch nur mein Erinnerungsvermögen, was mir da hilft.«

Ja, das stimmt. Aber Sie können sich nur erinnern, indem Sie etwas *bildlich* im Geiste »sehen«. Im Moment sind Sie nicht im Wohnzimmer, Sie können es also nicht wirklich sehen. Trotzdem können Sie es aber *geistig* sehen und es ist nichts anderes als Ihre Vorstellungskraft, die Ihnen das ermöglicht. Wenn man etwas im Geiste sieht, dann mag sich das innere Bild von dem wahren Sehen mit offenen Augen unterscheiden, aber das macht nichts. Ihre Vorstellungskraft ist vielleicht nicht dazu in der Lage, Ihnen Farben zu zeigen, oder vielleicht sind Ihre inneren Bilder nicht besonders scharf definiert, aber auch das spielt keine Rolle. Die Hauptsache ist, dass Sie eine ungefähre Vorstellung davon haben, wie etwas aussieht. Das reicht schon völlig aus für die folgende Übung.

Geistiges »Sehen« ist oft anders als das Sehen mit offenen Augen.

Schöpfen Sie Kraft aus vergangener Freude

Sie haben im ersten Kapitel bereits gelernt, Spannungen im Körper abzubauen, indem Sie Muskeln systematisch entspannen. Jetzt geht es darum, den Geist und die Gefühle zu beherzigen, sodass sie wieder Freude empfinden können.

Übung

- Machen Sie es sich in einem Sessel oder auf dem Bett bequem.
- Atmen Sie dreimal tief ein und aus, dann schließen Sie die Augen.
- Denken Sie an ein früheres Erlebnis, bei dem Sie entspannt und glücklich waren. Vielleicht haben Sie eine schöne Kindheitserinnerung oder vielleicht versetzt Sie der Gedanke an einen Urlaub in einer schönen Landschaft in positive Stimmung.
- Malen Sie sich jetzt diese Erinnerung in allen Einzelheiten aus. Verharren Sie so lange, wie Sie können, in

So wird's gemacht

der Erinnerung und versuchen Sie, die angenehmen Gefühle dieser Zeit wieder aufkommen zu lassen.

- Suchen Sie sich eine Erinnerung aus, die nichts mit Ihrem ehemaligen Partner zu tun hat, falls Ihnen das noch zu nahe geht.
- Es ist durchaus akzeptabel, eine lückenhafte Erinnerung etwas auszuschmücken und zu ergänzen, um diese Übung durchzuführen.
- Wenn Sie sich zwar gut an die schöne Zeit erinnern können, es aber schwer finden, die Gefühle der damaligen Zeit wieder zu empfinden, dann tun Sie erst einmal so, als ob Sie es könnten.
- Unterstützen Sie das Wiederfinden des Wohlgefühls, indem Sie lächeln. Lassen Sie die Mundwinkel einmal kräftig in Richtung Ohrläppchen wandern. Lächeln und Lachen fördern das Wohlbefinden!

Lassen Sie Ihre Erinnerung oder Ihre Phantasie nach positiven Erlebnissen suchen.

- Sie können auch positive Sätze denken. Wenn Sie sich an eine schöne Landschaft erinnern, durch die Sie in einem Urlaub gereist sind, dann denken Sie die Worte: »Einfach herrlich! Ist es nicht sagenhaft schön hier? Da kann ich mich so richtig entspannen, wenn ich so etwas Schönes sehe.« Oder wenn Sie eine angenehme Kindheitserinnerung haben: »Wie friedlich es ist, hier im Wohnzimmer zu sitzen und mit Tante Gerda Kuchen zu essen. Da fühle ich mich wirklich wohl und geborgen.«
- Wenn Ihnen wirklich keine angenehme Erinnerung einfällt, dann erfinden Sie eine! Stellen Sie sich vor, in welcher Umgebung Sie sich ruhig und entspannt fühlen könnten. Das kann eine schöne Berglandschaft sein oder ein goldener Sandstrand, eine Blumenwiese oder ein alter Baum am Bach. Der Phantasie sind keine Grenzen gesetzt.

Wenn Sie sich an eine schöne Reise erinnern, denken Sie die Worte: »Ist es nicht sagenhaft schön hier? Ich kann mich richtig entspannen, wenn ich so etwas Schönes sehe!«

Überprüfen Sie einmal, wie Sie sich fühlen, wenn Sie diese Übung durchgeführt haben. Vielleicht haben Sie gemerkt, dass Sie schon während der Übung einen Seufzer der Erleichterung ausgestoßen haben oder dass Sie sich nach der Übung generell entspannter und beruhigter fühlen.

Auch wenn der Effekt nicht lange anhält, ist diese Übung wichtig, nicht nur, um das seelische Gleichgewicht wiederherzustellen, sondern auch, um den Kreislauf des negativen Denkens und Erinnerns zu durchbrechen. Die Konzentration auf eine angenehme Erinnerung füllt die zur Verfügung stehende Gedankenkapazität aus, sodass momentan kein Platz für andere Gedanken da ist. Das ist am Anfang noch etwas schwierig, weil man sich oft dabei ertappt abzuschweifen, aber mit etwas Übung kann man allerhand erreichen. Also bitte nicht gleich aufgeben, sondern weitermachen. Es lohnt sich!

Mit der Kraft positiver Bilder bekämpfen Sie negatives Denken!

*Die Konzen-
tration auf eine
angenehme
Erinnerung hilft,
den Teufelskreis
negativen
Denkens und
Erinnerns aufzu-
brechen.*

Nutzen Sie
Ihre Zeit allein

So schön es ist, in einer guten Beziehung zu sein, ist es doch gleichzeitig zu einem gewissen Grade einschränkend, denn man muss oft Kompromisse schließen. Als Single haben Sie jetzt ganz erheblich mehr Freiraum, den Sie nutzen sollten. Gehen Sie einfach davon aus, dass der nächste Partner schon zu Ihnen unterwegs ist und dass Sie sich das Leben bis dahin besonders schön machen wollen. Jetzt haben Sie endlich einmal Zeit, die Dinge anzufangen, die Sie schon immer machen wollten, und alte Träume aus der Mottenkiste zu holen. Sie wollten vielleicht schon immer in ein bestimmtes Land reisen, einem künstlerischen Hobby nachgehen oder Ihr Leben auf andere Art bereichern. Nur allzu oft gehen diese Wünsche im Alltagsleben unter, entweder, weil wir keine Zeit haben, uns um ihre Verwirklichung zu kümmern, oder aber, weil wir meinen, wir sollten nichts haben wollen, was wir nicht besitzen. Und so werden unsere Träume dann Schäume, weil sie nur noch irgendwo in einer dunklen Gedankenschublade existieren, wo wir sie kaum noch wahrnehmen. Wie schade! Viele Menschen nehmen Ihre Träume mit ins Grab,

Alleinsein birgt Chancen.

49

Welchen Traum wollten Sie sich schon immer einmal erfüllen?

ohne sich jemals bemüht zu haben sie zu erfüllen. Die Einstellung, dass man das doch nie erreichen kann, schiebt der Realisierung von Träumen einen Riegel vor, sodass man noch nicht einmal im Ansatz versucht, sich den lang gehegten Wunsch zu erfüllen.

3-Punkte-Programm zur Verwirklichung Ihrer Träume

Setzen Sie sich selbst Ziele und lassen Sie sich diese nicht von anderen diktieren!

Zum Glücklichsein ist es wichtig, nach einem Ziel zu streben. Es ist erstaunlich, wie wenig Leute sich im Leben konkrete Ziele setzen, geschweige denn Ziele verfolgen. Die meisten treiben im Leben dahin und konzentrieren sich allein darauf, was die Gesellschaft von ihnen erwartet, und das bedeutet Ausbildung, Arbeit, Heirat, Kinder und, wenn alles besonders gut läuft, ein eigenes Haus. Aber neben dieser vorgegebenen

Lebenslaufbahn existiert auch noch der individuelle Lebensweg, wo die eigenen Vorlieben und Talente eine wichtige Rolle spielen, und hier in diesem Kapitel geht es darum, dass Sie entdecken (oder wieder entdecken), was für Sie persönlich wichtig ist.

> **Nur wenn Sie wissen, was Sie wollen, können Sie es auch erreichen.**

Merksatz

Wunschträume sind wichtig für das seelische Wohlergehen und spiegeln vieles über Ihre Persönlichkeit wider. Solange Sie niemandem anderen dabei schaden, ist es völlig legitim, die Erfüllung Ihrer Träume anzustreben.

Machen Sie eine Liste Ihrer Wünsche.

Schritt 1

- Was möchten Sie im Moment gerne im Leben erreichen?
- Was waren Ihre Kindheitsträume?
- Was würden Sie gerne lernen?
- Was möchten Sie gerne erleben?
- Was würde Ihr Leben bereichern?

Ergänzen Sie Ihre Liste immer wieder. Lassen Sie sich ruhig ein oder zwei Tage Zeit, Neues hinzuzufügen. Wenn man sich lange Zeit nicht mit seinen Wünschen beschäftigt hat, muss man oft erst eine Weile suchen, bevor man sie findet.

Seien Sie auch bitte ruhig ganz unbescheiden und schreiben Sie wirklich *alles* auf, was Ihnen erstrebenswert erscheint, egal wie viel es kostet, egal wie unmöglich es Ihnen im Moment vorkommt. Jetzt geht es darum, der Phantasie freien Lauf zu lassen.

Ich gebe Ihnen einmal eine Reihe von Beispielen, die Ihnen vielleicht helfen, sich an Ihre persönlichen Wunschvorstellungen zu erinnern.

Etwas Neues lernen

Malen oder Zeichnen lernen
Singen lernen
Geschichten schreiben lernen
ein Instrument spielen lernen
Schwimmen lernen
Töpfern lernen
Handarbeiten lernen, zum Beispiel Klöppeln oder Weben
einfache Autoreparaturen selbst ausführen lernen
Erste Hilfe lernen
eine neue Sprache lernen

Die Karriere fördern

einen beruflichen Fortbildungskurs besuchen
ein neues Arbeitsprojekt in Angriff nehmen
eine neue Stelle suchen, wenn Sie mit der alten unzufrieden sind
beruflich einen völlig neuen Kurs einschlagen
sich beruflich selbstständig machen

*Unternehmen Sie mal etwas Kulturelles!
Nehmen Sie an einer Tagestour teil, die Sie zu einer Sehenswürdigkeit führt!*

endlich wieder ins Theater gehen!
Musikabende besuchen
zu Reisevorträgen gehen
zu Autorenlesungen gehen
einen Abendkurs besuchen
eine Besichtigungstour in einer interessanten Stadt
machen

**Kulturelles
unternehmen**

Wagen Sie mal was! Warum nicht mal was ganz Verrücktes? Wer nie etwas riskiert, wird auch nie etwas gewinnen!

eine Nachbarschaftsinitiative gründen
eine Wallfahrt unternehmen
mit fachmännischer Hilfe eine alte Angst überwinden,
zum Beispiel Höhenangst
sich einen neuen Haarschnitt zulegen
sich selber verwöhnen, weil Sie es wert sind!
eine lang ersehnte Reise unternehmen

**Ungewöhn-
liches wagen**

alte Schulfreunde besuchen
per Anzeige neue Freunde suchen
nette Nachbarn endlich einmal einladen
mit netten Arbeitskollegen etwas Gemeinsames unternehmen

**Freundschaf-
ten auffrischen
und ankurbeln**

Diese Liste ist lediglich als Denkanstoß gedacht, falls Ihnen spontan nichts einfällt. Erstellen Sie jetzt Ihre eigene Liste, egal ob Sie an ihre Verwirklichung glauben oder nicht.

Was Sie schon immer einmal machen wollten

Wunschzettel

1. ....
2. ....
3. ....
4. ....
5. ....
6. ....
7. ....
8. ....

Um Sie davon abzuhalten Ihre eigenen Wunschträume durch negatives Denken gleich wieder abzuschießen, möchte ich jetzt einige typische Einwände besprechen. – Überprüfen Sie doch einmal, ob Sie gerade selbst eine dieser Ausreden benutzt haben!

Neues zu lernen kann Spaß machen. Probieren Sie es doch einfach.

»Meine Schulzeit liegt schon 30 Jahre zurück, da kann ich doch jetzt nichts Neues mehr lernen!«
Nur Mut! Es mag am Anfang noch etwas holprig gehen, aber wenn Sie Ihr Bestes geben, werden Sie auch bald Ergebnisse erzielen. Wenn Sie einen Kurs besuchen, dann werden Sie auch schnell merken, dass Sie nicht der Einzige sind, der die Schulbank schon lange nicht mehr gedrückt hat. Sie befinden sich also in bester Gesellschaft.

Mit etwas Organisation findet sich auch ein Babysitter, wenn Mutti ausgehen will. Eine »Ersatzomi« in Ihrer Nachbarschaft wartet vielleicht nur darauf, auf Ihre Kinder aufpassen zu dürfen.

»Das ist ja alles ganz schön und gut, aber was mache ich als geschiedene Frau mit meinen kleinen Kindern, wenn ich abends mal weg will?«

Organisation ist alles. Hören Sie sich nach einem guten Babysitter um oder überlegen Sie, ob Sie eine Freundin oder jemand in der Nachbarschaft deswegen ansprechen können. Vielleicht lässt sich auch ein Abkommen arrangieren mit jemandem, der in einer ähnlichen Lage ist wie Sie, sodass Ihre Kinder in der anderen Familie übernachten, wenn Sie abends etwas vorhaben, und Sie im Ausgleich selbst ab und zu zum Kinderhüten zur Verfügung stehen.

»Ich will gar nicht erst anfangen, an meine Wünsche zu denken. Wenn sie sich hinterher nicht erfüllen lassen, bin ich nur doppelt enttäuscht.«

Sich Sorgen zu machen ist Zeitverschwendung.

Sorgen Sie sich bitte jetzt noch nicht um etwas, was eventuell in der Zukunft nicht klappen könnte. Katastrophendenken ist Zeitverschwendung, die sich niemand leisten kann, der ein glückliches Leben führen will. Warten Sie ab, bis Sie tatsächlich vor einem Problem stehen. Dann können Sie immer noch die Ärmel hochkrempeln und aktiv werden.

»Was ich mir wünsche ist zu teuer. Das kann ich mir nie leisten.«

Es mag sein, dass die Erfüllung Ihres Wunsches relativ viel Geld kostet, aber das sollte Sie nicht davon abhalten, den Wunsch anzustreben. Vor einigen Jahren schon war mir aufgefallen, an wie vielen Sozialwohnungen in London Satellitenschüsseln angebracht sind. Trotz ihres niedrigen Einkommens hatten es diese Leute fertig gebracht, sich nicht nur eine Satellitenschüssel anzuschaffen, sondern auch die damit verbundenen höheren Fernsehgebühren zu bezahlen. Wo ein Wille ist, da ist offensichtlich auch ein Weg. Oder nehmen Sie zum Beispiel Herrn Heine ...

In den Hochglanz-Reisemagazinen am Kiosk findet Herr Heine das Bild, das er sich von seinem Reiseziel machen will.

Fallbeispiel

Herr Heine (55) war verwitwet, seit seine Frau vor zwei Jahren an Krebs gestorben war. Ein Urlaub auf Bali war immer schon sein Traum gewesen, doch bei seinem bescheidenen Gehalt als Angestellter war ihm das bisher unmöglich erschienen. Nach einem Seminar über positives Denken beschloss er jedoch, dass er durchaus in der Lage sei, sich diesen Traum zu erfüllen, wenn er sich nur stärker darauf konzentrierte, mehr Geld zu verdienen.

Zunächst einmal kaufte er sich ein schönes großes Poster von Bali, das er sich im Flur aufhängte. »Ich habe im Kurs gelernt, dass es wichtig ist, sein Ziel nicht aus den Augen zu verlieren. Wenn ich das Poster jeden Tag sehe, festigt das meinen Vorsatz, es zu erreichen.« Mit Einverständnis seines Arbeitgebers suchte er sich außerdem eine kleine Nebenarbeit, die er zweimal wöchentlich abends und an einem Wochenendtag verrichtete. Dieses zusätzliche Einkommen legte er jeden Monat auf sein »Bali-Sparkonto« zurück, und zusammen mit Überstundengeld, was ab und zu anfiel, begannen die Einzelbeträge sich langsam zu summieren.

»Der Urlaub war fabelhaft«, berichtete er hinterher, »genauso schön, wie ich ihn mir vorgestellt hatte. Das Beste ist aber, dass dieses gezielte Hinarbeiten auf die Erfüllung meines Wunschtraumes mir auch in anderer Hinsicht gut getan hat. Ich fühle mich jetzt selbstsicherer und weiß, dass ich eine Menge mehr erreichen kann, als ich mir vorher zugetraut hätte. Die Nebenarbeit hat mich auch mit neuen Menschen in Kontakt gebracht, sodass mein Sozialleben sich langsam wieder normalisiert. Mein nächstes Ziel ist es jetzt, mich bei der Arbeit um Beförderung zu bemühen. Ich habe schon einen Termin bei meinem Chef ausgemacht, um die Möglichkeiten dazu mit ihm durchzusprechen.«

Die Erfüllung eines Wunschtraumes macht Mut, das nächste Ziel anzustreben!

Suchen Sie sich einen Wunsch von Ihrer Liste aus, der sich am ehesten verwirklichen lässt. Zerlegen Sie nun den Weg zu Ihrem Ziel in kleinere Einzelschritte.

Schritt 2

Sie möchten einen Zeichenkurs belegen.
- Informieren Sie sich, wo Kurse abgehalten werden. Schauen Sie in der Zeitung nach oder erkundigen Sie sich bei der Volkshochschule. Fragen Sie Freunde, Be-

Beispiel

57

Teilen Sie den
Weg zu
Ihrem Ziel in
erreichbare
Etappen auf!

kannte, Nachbarn oder Arbeitskollegen, ob sie einen bestimmten Kurs empfehlen können.

- Lassen Sie sich Informationsmaterial zuschicken. Vergleichen Sie Preise, Uhrzeiten, die Entfernung von Ihrem Wohnort usw.

- Wenn Sie zusätzliche Fragen haben, klären Sie sie mit der Schule ab. Das bedeutet, dass Sie sich eventuell mit dem Lehrer telefonisch in Verbindung setzen müssen, um letzte Unklarheiten zu besprechen, bevor Sie sich endgültig einschreiben.

- Setzen Sie sich Termine und versuchen Sie die einzelnen Schritte bis zum jeweiligen Termin zu erledigen. Sie können sich zum Beispiel vornehmen, innerhalb der nächsten fünf Tage alle in Frage kommenden Schulen anzurufen, dann in der darauf folgenden Woche alle etwaigen Fragen mit den einzelnen Schulen zu klären und schließlich in der dritten Woche eine endgültige Entscheidung zu treffen.

Vielleicht kommt es Ihnen übertrieben vor, eine Zielvorstellung in Einzelpunkte zu zerlegen. Der Grund, warum ich diesen Schritt empfehle, ist, dass die meisten Menschen eine gewisse Hemmschwelle haben, wenn sie eine neue Sache angehen wollen. Die geplante Unternehmung erscheint riesig und unerreichbar und darum fängt man erst gar nicht damit an. Wenn man aber einen detaillierten Plan hat, der kleine Schritte vorsieht, dann erscheint einem das Ganze viel eher machbar, und bevor man sich's versieht, hat man schon den ersten Schritt zur Wunscherfüllung getan.

Schritt 3

Fangen Sie *heute* mit dem ersten Schritt an. Stecken Sie Ihre Wunschliste nicht in irgendeine Schublade, wo sie auf Nimmerwiedersehen verschwindet, sondern lassen Sie sie dort liegen, wo Sie sie immer wieder sehen.

> **Was du heute kannst besorgen,**
> **hat *nicht* Zeit bis übermorgen!**

Schieben Sie Ihr Projekt nicht zur Seite. Es ist wichtig, dass Sie sich im Leben zumindest einige Ihrer Herzenswünsche erfüllen. Warten Sie nicht darauf, dass jemand anders es für Sie tut – Sie selber tragen die Verantwortung für Ihr eigenes Wohlergehen und Lebensglück, also fangen Sie heute damit an, es zu erreichen.

Fallbeispiel

Karin (26) hatte sich nach zwei Jahren von ihrem Verlobten getrennt, nachdem sie herausgefunden hatte, dass er schon seit einem Jahr ein Verhältnis mit einer Arbeitskollegin hatte. Nachdem Karin sich vom ersten Schock erholt hatte, beschloss sie ihr Leben umzukrempeln. »Mein ganzes Leben war auf die Ehe mit Richard ausgerichtet. Ich blieb bei meiner alten Stelle, obwohl die Arbeit ziemlich langweilig und nicht sehr gut bezahlt war, und ich hatte auch meine Freunde vernachlässigt, weil Richard so eifersüchtig war und es nicht gerne sah, wenn ich etwas ohne ihn unternahm.«

Eine Trennung kann befreien.

Karin beschloss Versäumtes nachzuholen. Sie begann sich aktiv um eine neue Stelle zu bemühen und nach einem halben Jahr hatte sie schließlich Erfolg. Sie beschloß außerdem sich einen lang gehegten Herzenswunsch zu erfüllen und einen Malurlaub in der Toskana zu machen.

Aus einem »goldenen Käfig« auszubrechen, kann durchaus zu ungeahnten Verbesserungen Ihres Lebens führen.

»Das war die beste Entscheidung, die ich je getroffen habe. Das Malen ist jetzt zu einem festen Hobby für mich geworden und ich habe eine Menge netter Leute im Urlaub kennen gelernt, mit denen ich noch immer in Verbindung stehe. Ich hatte keine Ahnung, dass das Single-Dasein so viel Spaß machen kann! Anfangs war es natürlich schon seltsam, so ganz allein loszufahren, aber bereits am ersten Tag kam ich mit den Leuten an meinem Tisch ins Gespräch. Was es mir besonders leicht gemacht hat, war die Tatsache, dass wir alle ein Interesse am Malen hatten, und da kommt ein Gespräch sehr schnell und ungezwungen zustande. Einige andere Leute waren auch allein da, sodass ich nicht die Einzige war. Es hat mir so gut gefallen, dass ich jetzt schon für nächstes Jahr gebucht habe. Außerdem fange ich hier zu Hause auch mit einem Abendkurs im Malen an, dann bin ich topfit, wenn ich nächstes Jahr nach Italien fahre!«

Sie sehen, es geht alles. Anfängliche Gefühle der Unsicherheit brauchen nicht zum Stolperstein zu werden, wenn Sie sich erst einmal für ein bestimmtes Ziel entschieden haben. In diesem Zusammenhang möchte ich Ihnen noch eine weitere Übung empfehlen, die Ihnen nicht nur helfen kann, sich auf eine Zielvorstellung zu konzentrieren, sondern auch den Erfolg bildlich in Ihrem Unterbewusstsein zu verankern.

Stellen Sie sich vor, Sie hätten Ihr Ziel schon erreicht

Übung

Ähnlich wie bei der Übung im dritten Kapitel (siehe S. 45) geht es auch jetzt wieder darum, sich geistig mit einem inneren Bild zu beschäftigen. Malen Sie sich innerlich aus, wie es wäre, wenn Sie schon am Ziel angekommen wären. Hier sind einige Beispiele in Form von kurzen Skizzierungen, jeweils mit Kurzformel.

Sehen Sie sich in einem neuen Büro, von netten und hilfsbereiten Leuten umgeben, während Sie Ihre interessante Arbeit mühelos und voller Selbstvertrauen erledigen. Sehen Sie das erfreute Nicken Ihres Chefs, wenn Sie Ihre Arbeit abgeben. Stellen Sie sich das freundliche Grüßen der Kollegen vor, wenn Sie morgens ins Büro kommen. Wenn Sie abends nach Hause gehen, sind Sie zufrieden und freuen sich schon auf den nächsten Arbeitstag. Sie fühlen sich kompetent und selbstbewusst. Sehen Sie auch Ihren monatlichen Gehaltszettel mit einer angemessen hohen Zahl vor Ihrem geistigen Auge.

**Eine bessere
Arbeitsstelle**

Stellen Sie sich vor, wie Sie Anerkennung im Beruf erfahren und Ihre Arbeit mühelos und voller Selbstvertrauen erledigen.

Kurzformel

> ■ Ich strebe nach größeren Aufgabengebieten und finde die richtige Stelle zum richtigen Zeitpunkt.

Mehr Geld

Stellen Sie sich vor, dass Sie in jeder Hand ein dickes Bündel Banknoten halten. Sie können die innere Zufriedenheit spüren, während gleichzeitig große Geldscheine auf Sie herunterregnen.

Kurzformel

> ■ Ich freue mich darauf, Positives und Erfreuliches mit meinem Geld auszurichten.

Einen schönen Urlaub machen

Stellen Sie sich vor, Sie liegen am Strand und lassen den goldgelben Sand durch die Finger rieseln. Das Meer rauscht und eine angenehme, leichte Brise bewegt die Palmwedel über Ihnen. Neben Ihnen steht ein herrlich kühler Longdrink im Sand, der Ihnen gerade serviert worden ist.

Kurzformel

> ■ Ich freue mich darauf, mir bald einen schönen Urlaub gönnen zu können.

Neue Freunde finden

Sehen Sie sich auf eine Gruppe Menschen zugehen, die Sie alle freudestrahlend begrüßen. Hören Sie Lachen und freundliche Frotzeleien, sehen Sie sich in einer Weinstube mit Ihren Freunden in ein interessantes Gespräch oder eine angeregte Diskussion vertieft.

> ■ Es fällt mir leicht, neue Menschen kennen zu lernen. Meine Offenheit und Freundlichkeit zieht andere wie ein Magnet an.

Kurzformel

Sehen Sie sich im Ausland, selbstsicher und entspannt, während Sie sich mühelos mit Verkäuferinnen in Geschäften, dem Hotelpersonal oder Einwohnern des Ortes unterhalten, von sich erzählen und anderen zuhören und alles mühelos verstehen.

Eine neue Sprache lernen

> ■ Lernen fällt mir leicht und macht mir großen Spaß.

Kurzformel

Nehmen Sie sich jeden Tag ein paar Minuten Zeit, sich in Ihren Tagtraum zu vertiefen. Je besser Sie sich vorher entspannen, desto einfacher ist es, sich voll auf Ihr inneres Bild zu konzentrieren. Wenn Sie Ihr Ziel immer klar vor Augen haben, reagieren Sie auch viel schneller auf Gelegenheiten, die sich Ihnen bieten und die Sie sonst wahrscheinlich übersehen hätten. Herr Heine (siehe S. 56) konnte sofort zugreifen, als er von der Zweitstelle hörte, *weil er wusste, was er wollte!* Wer ziellos vor sich hin lebt, verpasst so manche goldene Gelegenheit, die ihn im Leben weiterbringen könnte. Stellen Sie also sicher, dass Sie mit zu denen gehören, die am Ball bleiben und das Beste aus ihrem Leben machen.

5. KAPITEL

Menschlicher Kontakt ist wichtig

Wir haben alle von Zeit zu Zeit das Bedürfnis nach der Gesellschaft anderer Menschen. Wie oft wir das Zusammensein mit anderen brauchen, hängt ganz von unserer Persönlichkeit ab. Manche Leute sind mit gelegentlichen Treffen zufrieden, andere brauchen regelmäßigen menschlichen Kontakt, um sich wohl zu fühlen. Wenn man verheiratet ist, kümmert man sich manchmal nicht allzu sehr um Freundschaften außerhalb der Ehe, weil man ja den Partner zur Unterhaltung hat. Das stellt sich dann später aber oft als Fehler heraus, denn wenn der Partner aus irgendeinem Grunde auf einmal nicht mehr da ist, fängt man wieder ganz von vorne an, neue Bekanntschaften aufzubauen oder alte Freundschaften aufzufrischen. Verständlicherweise sind die alten Freunde dann auch manchmal etwas verstimmt, weil man die Freundschaft so lange vernachlässigt hat und sich erst wieder meldet, wenn man allein ist.

Der Bedarf an menschlichem Kontakt ist sehr verschieden.

Menschlicher Kontakt ist wichtig, besonders für Alleinstehende, weil er der Vereinsamung vorbeugt. Nur wenige Menschen haben eine Einsiedlernatur, die es ihnen erlaubt, völlig ohne die Gesellschaft anderer auszukommen. Der Mensch ist generell ein Gesellschaftstier, das ein Gefühl der Zugehörigkeit zu anderen braucht, um zufrieden zu sein. Dabei spielt es keine Rolle, ob dieses Zugehörigkeitsgefühl erreicht wird, indem man ein Schwätzchen mit dem Gemüsehändler an der Ecke hält oder samstags abends mit Freunden in die Disco geht. Hauptsache, man gehört irgendwo dazu.

Gespräche und gemeinsame Unternehmungen haben darüber hinaus auch einen wichtigen Stellenwert, weil man durch andere Menschen eine neue Perspektive gewinnt. Wer zu viel allein ist, lebt in seinem Kopf, und das bedeutet, dass sich negative Gedanken und Vorstellungen leichter ausbreiten und Fuß fassen können, wenn es einem manchmal nicht so gut geht. Tiefpunkte hat jeder ab und zu im Leben. Wie gut wir mit ihnen fertig werden, hängt oft davon ab, wie klar wir denken können, während wir in einer Krise stecken. Oft ist es schwer, den Wald vor lauter Bäumen zu sehen, und da kann ein Gespräch mit einem Freund oder einer Freundin Wunder wirken. Das offene Aussprechen eines Problems an sich hat bereits eine befreiende Wirkung, und wenn Ihr Gegenüber dann sogar noch eine gute Idee zur Lösung des Problems hat, dann haben Sie Ihren Tiefpunkt schon so gut wie überwunden. Aber selbst wenn Sie gerade kein Problem haben, können Sie trotzdem von Gesprächen mit anderen Menschen profitieren. Selbst wenn man einfach nur jemand Anderem zuhört, kann man viel über andere Denkweisen und Einstellungen erfahren und hat so die Möglichkeit, die

Gönnen Sie sich mal etwas! Auch ein kleines Schwätzchen mit der Bedienung führt aus der Isolierung heraus. Menschlicher Kontakt ist wichtig!

Wenn Sie mit jemandem reden, gewinnen Sie eine neue Sicht der Dinge.

eigene Meinung neu abzuwägen. Dieses Neu-Überdenken der eigenen Einstellung ist ein gesunder Prozess, der verhindert, dass Sie geistig unbeweglich werden. Wer sich dem Austausch mit der Außenwelt entzieht, läuft Gefahr zu verknöchern. Das kann Ihnen passieren, ob Sie achtzehn oder achzig sind, also stellen Sie sicher, dass Sie den Kontakt zu anderen Menschen pflegen.

Seien Sie bei der Wahl Ihrer Bekanntschaften wählerisch.

Dabei sollten Sie allerdings auf Qualität achten. Wenn Ihre Nachbarin nichts anderes tut, als über andere Leute herzuziehen, dann stellt das keinen positiven sozialen Kontakt für Sie dar, ganz im Gegenteil. Achten Sie darauf, dass Sie sich mit freundlichen, offenen Menschen umgeben. Machen Sie hier keine Kompromisse, sonst zahlen Sie letztendlich den Preis dafür.

Merksatz

Negativität ist ansteckend – vermeiden Sie sie!

Überlegen Sie einmal, mit welchen Menschen Sie im Moment Kontakt haben. Sind einige unangenehme Kandidaten darunter? Sie können ganz einfach testen, ob eine Bekanntschaft gut für Sie ist oder nicht.

Bekanntschafts-Qualitätskontrolle

Test

- Setzen Sie sich bequem hin und schließen Sie die Augen.
- Atmen Sie dreimal tief ein und aus.

- Denken Sie an jemanden, den Sie sehr mögen, und beachten Sie, wie Ihr Körper reagiert. Registrieren Sie, wie Ihre Atmung geht, wie sich Ihre Magengegend anfühlt und was Ihnen durch den Kopf zieht.
- Öffnen Sie Ihre Augen einen Moment, dann schliessen Sie sie wieder.
- Atmen Sie dreimal tief ein und aus.
- Denken Sie an jemanden, den Sie nicht mögen oder vor dem Sie Angst haben. Registrieren Sie wieder innerlich, welche körperlichen Reaktionen Sie an sich selber feststellen können und was für Gedanken Ihnen durch den Kopf gehen.

Jetzt haben Sie schon einen Anhaltspunkt, welche körperlichen Anzeichen Ihnen zeigen, ob Sie mit jemandem auf der gleichen Wellenlänge liegen oder nicht. Wenn Sie an jemanden denken, den Sie mögen, dann haben Sie vielleicht ein angenehmes, leichtes Gefühl in der Magengegend, während Ihr Atem gleichmäßig und ruhig ist und Ihre Mundwinkel sich zu einem Lächeln nach oben ziehen. Im Gegensatz dazu reagiert der Körper beim Gedanken an eine unsympathische Person mit schnellerem Atmen und einem unangenehmen Druck in der Magen-Darm-Gegend. Welche Signale hat Ihnen Ihr Körper gegeben, während Sie diese Übung machten? Jeder Einzelne hat seine individuellen Zeichen, die ihm signalisieren, dass er sich wohl oder unwohl bei dem Gedanken an eine bestimmte Person fühlt.

> Ihre Körpersignale zeigen Ihnen unbestechlich, welche Menschen Sie mögen und welche nicht.

Sobald Sie Ihre eigenen körperlichen Reaktionen festgestellt haben, können Sie diesen intuitiven Maßstab auf andere Menschen anwenden, die Ihnen im Leben begegnen. Wenn Sie jetzt einmal diesen Test auf Menschen anwenden, mit denen Sie sich täglich umgeben, dann kann es sein, dass Sie beim Gedanken an einige von ihnen ein negatives Körpergefühl feststellen. Sollte das der Fall sein, dann stellen Sie sich doch einmal die folgenden Fragen:

Test

- Habe ich mich früher besser mit dieser Person verstanden?
- Geht das negative Gefühl auf eine ungeklärte Unstimmigkeit zurück, die ausgebügelt werden kann?
- Wäre ich bereit, durch eine Aussprache die Beziehung wieder zurechtzubiegen?

Wenn Sie alle drei Fragen mit Ja beantworten können, dann sollten Sie eine Aussprache nicht länger aufschieben. Es könnte gut sein, dass die Unstimmigkeit auf einem Missverständnis beruht, das in einem ruhigen Gespräch ausgeräumt werden kann. Das Leben ist zu kurz, um es sich durch Unstimmigkeiten zu versalzen.

Sollten Sie jedoch mit Nein auf alle drei Fragen antworten, dann besteht wahrscheinlich ein zu starker Persönlichkeitskontrast zwischen ihnen, als dass noch etwas zu retten wäre. Wenn Sie ein ungutes Gefühl haben, sobald Sie an jemanden denken, und wenn es Ihnen nicht möglich ist, diese Situation zu ändern, dann sollten Sie den Kontakt ganz abbrechen. Manche Menschen sind so negativ, dass Sie andere mit sich nach unten ziehen.

Manchmal ist es allerdings unmöglich, diesen Menschen aus dem Weg zu gehen, weil man mit ihnen arbeiten oder leben muss. Dann haben Sie aber immer noch die Möglichkeit, Ihr Unbehagen auf ruhige Weise auszudrücken.

Hier sind einige Tips, wie Sie auf negative Menschen reagieren können:

Wie Sie auf negative Menschen reagieren können

Wenn der Klatsch losgeht, sagen Sie: »Ganz ehrlich, es interessiert mich überhaupt nicht, was Sie mir da von Frau X erzählen«, oder: »Erzählen Sie mir doch lieber etwas von Ihnen selbst. Wir wollen doch nicht wie zwei alte Waschweiber klatschen, oder?!«

Die Klatsch-base

Tip

> Wenn jemand über andere klatscht, klatscht er auch über Sie. Seien Sie also vorsichtig, was Sie von sich erzählen, wenn Sie sich mit dieser Person unterhalten müssen.

Wenn Sie sich schon zum dritten Mal die gleiche Jammerstory angehört haben, sagen Sie: »Sie werden wohl bald nicht mehr darum herumkommen, etwas gegen Ihr Problem zu unternehmen«, oder: »Leider kann ich nichts tun, um Ihnen zu helfen, und darum hat es wohl wenig Sinn, dass Sie mir das alles noch einmal erzählen.«

Der Jammerer

Tip

> Verschwenden Sie nicht ihre Zeit damit, dem Jammerer helfen zu wollen. Der Jammerer will Publikum, keine Lösungen.

Die Giftspritze   Wenn Ihr Gegenüber wieder anfängt, andere Leute herunterzumachen, sagen Sie: »Ich finde das ganz unangenehm, wenn ich höre, wie Sie andere Leute so heruntermachen«, oder: »Wenn Sie nichts Gutes über andere Leute zu sagen haben, dann möchte ich lieber gar nichts von Ihnen hören.«

Tip

> Giftspritzen sollte es eigentlich nur auf Rezept in der Apotheke geben! Vermeiden Sie jeglichen Kontakt, wenn es irgendwie geht.

Alte Freundschaften auffrischen

Wenn Sie dagegen bei der Beziehungs-Qualitätskontrolle ein positives Gefühl bei jemandem hatten, dann stellen Sie sich die folgenden Fragen:

Warten Sie nicht darauf, daß man sich bei Ihnen meldet. Nehmen Sie das Ruder selbst in die Hand und verabreden Sie sich!

- Wie lange ist es her, dass ich diese Person zum letzten Mal gesehen habe?
- Was kann ich tun, um diese gute Beziehung zu pflegen und zu festigen?
- Habe ich dieser Person eigentlich jemals klar gesagt, wie sehr ich sie schätze?

Wenn Sie diese sympathische Person schon lange nicht mehr gesehen haben, dann wird es jetzt aber Zeit! Unternehmen Sie sofort etwas, um ein Treffen zu vereinbaren, und seien Sie dabei nicht kindisch, wenn es darum geht, wer sich zuerst melden soll. Manche Leute schaffen es nicht bis zum Telefon, obwohl sie oft an jemanden denken. Warten Sie nicht darauf, dass der andere sich bei Ihnen meldet, sondern nehmen Sie das Ruder selbst in die Hand. Einen guten Freund oder eine gute Freundin findet man schließlich nicht so leicht ... Beachten Sie dabei aber, dass manche Menschen mit Arbeit und Familie stark ausgelastet sein können und daher nur beschränkt Zeit haben, sich mit Ihnen zu treffen. Nehmen Sie es nicht persönlich, wenn sich manchmal ein Treffen nicht sofort arrangieren lässt, weil der andere weniger Zeit hat als Sie. Das sind halt die Nachteile des Familienlebens!

Lassen Sie sich nicht entmutigen, wenn die Kontaktaufnahme nicht gleich zum Erfolg führt.

Ich würde Ihnen darüber hinaus auch empfehlen, Ihren besten Freunden ab und an zu sagen, wie sehr Sie sie mögen.

»Ich freue mich schon riesig, wenn du in zwei Wochen kommst!«

»Es ist immer so schön, wenn du da bist.«

»Ich unterhalte mich wirklich gerne mit dir.«

»Ich freue mich sehr, dass wir beide befreundet sind. Das gibt mir viel.«

»Ich muss dir einfach mal sagen, wie sehr ich es schätze, dass du mir mit Rat und Tat zur Seite stehst, wenn ich einmal moralische Unterstützung brauche.«

Sie können so ein Kompliment entweder in die Unterhaltung einfließen lassen oder auch schriftlich auf einer hübschen Karte ausdrücken. Das wäre ein wirklich positiver Schritt, diese Freundschaft zu festigen. Ich brauche hier wohl nicht hinzuzufügen, dass Sie ein Kompliment wirklich nur dann machen sollten, wenn Sie es auch ehrlich meinen. Wir sagen viel zu selten, was wir gut finden, und dabei hat ein offen ausgesprochenes Lob oder Kompliment so angenehme Auswirkungen! Sie selbst freuen sich, dass die andere Person sich über Ihr Lob freut, und weil Sie sich jetzt positiv fühlen,

Lob und Komplimente wirken manchmal Wunder.

sind Sie freundlicher im Straßenverkehr und geduldiger mit Ihrer alten Mutter. Die Person, der Sie das Kompliment gemacht haben, ist gleichermaßen glücklich und geht mit frischer Energie an die Arbeit und spricht ihrerseits andere Menschen freundlicher an. Es ist, wie wenn Sie einen Stein in einen Teich werfen: Die Wellen ziehen weite Kreise.

Fallbeispiel

Verena (40) und Luise (48) sind schon seit Jahren gut befreundet. Beide Frauen sind allein stehend und berufstätig, beide lesen gerne. Verena liebt ihre Bücher über alles und verleiht sie selten, aber als Luise sich den neuesten Bestseller ausleihen will, macht Verena eine Ausnahme unter der Bedingung, dass sie das gebundene Exemplar sofort zurückbekommt, wenn Luise es ausgelesen hat.

Zwei Monate lang hört Verena nichts. Als sie schließlich nachfragt, kann Luise das Buch nicht finden. Sie mutmaßt, dass sie es vielleicht weiterverliehen hat. Verena ist sehr verärgert: Wie konnte Luise das Buch verleihen, wenn sie doch wusste, wie penibel Verena mit ihren Büchern umgeht? Ein hitziges Telefongespräch folgt, in dem Luise zugibt, dass sie nicht weiß, was sie mit dem Buch gemacht hat. Sie verspricht schließlich Verena ein neues Exemplar zu kaufen. Luise bestellt das Buch, findet dann aber Verenas Originalexemplar und gibt es zurück. Obwohl die Angelegenheit jetzt geklärt ist, bleibt doch bei beiden Frauen ein unangenehmes und etwas feindseliges Gefühl zurück. Nach einigen Wochen

Eine schriftliche Nachricht hat häufig die gewünschte Wirkung, wenn man etwas wieder einrenken will.

beschließt Verena etwas zu unternehmen, um die Freundschaft wieder einzurenken. Sie schickt eine Karte an Luise, in der sie schreibt, wie sehr sie Luise als Person schätzt, auch wenn sie ab und zu ein Buch »kidnappt«. Die Karte hatte die gewünschte Wirkung. Der Bann ist gebrochen, man lacht wieder miteinander und die Freundschaft ist gerettet.

Manche Menschen wissen nicht so recht, wie sie sich verhalten sollen, wenn ihnen jemand ein Kompliment macht, und reagieren abweisend, statt ihre Freude zu zeigen:

- »Dieses Kleid steht dir aber besonders gut.« – »Ach, der alte Fetzen, den habe ich schon ewig!«
- »Das war sehr lecker. Vielen Dank für das herrliche Abendessen.« – »Ach, das war nichts Besonderes, das ist doch im Restaurant viel besser!«

Statt das Kompliment abzuwehren, versuchen Sie doch das nächste Mal es anzunehmen. Für das erste Beispiel könnte eine positive Antwort etwa wie folgt lauten:

Ein nettes Kompliment dürfen Sie ruhig annehmen!

- »Danke für das Kompliment! Ich freue mich, dass dir mein neues Kleid gefällt.«
Und beim zweiten Beispiel könnten Sie antworten:
- »Das freut mich sehr, dass es dir geschmeckt hat. Da macht das Kochen doppelt so viel Spaß, wenn man so nette Gäste hat.«

Wenn sich mehr Leute auf das Gute statt auf das Schlechte in ihren Mitmenschen konzentrieren würden, dann wäre die Welt um einiges friedlicher und freundlicher. Lassen Sie sich also keine Gelegenheit entgehen, ein Lob oder Kompliment auszusprechen, wenn Ihnen an jemandem etwas gefällt.

Neue Bekanntschaften machen

Wenn Sie nicht auf alte Freundschaften zurückgreifen können, dann bemühen Sie sich um neue. Oft kommen Freundschaften im Urlaub oder bei Abendkursen zustande. Aber wenn Sie beruflich zu sehr eingespannt sind oder weit von der nächsten Stadt entfernt wohnen, dann müssen Sie sich mit einer direkteren Methode behelfen. Überlegen Sie zunächst einmal, was Sie mit Ihren potenziellen neuen Freunden unternehmen wollen. Möchten Sie vielleicht zusammen wandern gehen oder ins Theater, oder suchen Sie jemanden, mit dem Sie abends ab und zu zum Essen oder zum Kegeln weggehen können?

Auch über eine Annonce kann man neue Freunde finden.

Diese Einzelheiten sind wichtig, wenn Sie eine Anzeige aufgeben wollen. Sie sollten sich selbst kurz beschreiben und auch sagen, wonach Sie suchen. Wenn Ihre Anzeige auch noch ein bisschen witzig ist, umso besser.

LANDPOMERANZE, 45, unternehmungslustig und aufgeschlossen, sucht andere Damen, die sich fürs Theater und Kino interessieren.

oder

FRANKFURTER WÜRSTCHEN, 32, neu zugezogen, möchte nette Leute kennen lernen zum Kneipentreff und Essengehen.

Gewöhnlich schreiben Interessenten an eine Chiffrenummer, sodass keinerlei Gefahr besteht, dass auf einmal jemand unerwünscht vor Ihrer Haustür auftaucht.

Sie glauben gar nicht, wie aufregend es ist, auf die Antworten zu warten! Selbst mit fünfundsiebzig sind Sie wie der Blitz an der Haustür, wenn der Briefkastendeckel klappert ...

Egal wie viele Zuschriften Sie bekommen, Sie sollten sich auf jeden Fall die Mühe machen, jeden einzelnen Brief zu beantworten, auch wenn Ihnen der Schreiber ungeeignet erscheint. Lassen Sie sich auch nicht durch Kleinigkeiten beirren. Nur weil jemand einen Rechtschreibfehler im Brief gemacht hat, heißt das noch lange nicht, dass Sie es mit einer dummen Person zu tun haben.

Arrangieren Sie ein erstes Treffen am besten erst einmal außerhalb Ihrer Wohnung und vereinbaren Sie zunächst nur ein kurzes Treffen. Eine halbe Stunde reicht völlig aus, um sich ein Bild von jemandem zu machen. Wenn Sie sich gut verstehen, können Sie immer noch eine halbe Stunde extra dranhängen.

> Ein kurzes Treffen im Café reicht für einen ersten Eindruck.

Kurzformeln

- Ich finde schnell und leicht neue Freunde.
- Ich freue mich darauf, mit guten Freunden Schönes zu unternehmen.
- Freunde sind mir wichtig und ich pflege meine Freundschaften liebevoll.
- Ich ziehe nette Menschen wie ein Magnet an.

Unterstützen Sie diese positiven Formeln noch durch innere Gedankenbilder, in denen Sie sich von netten Menschen umgeben sehen, mit denen Sie sich angeregt unterhalten. Außerdem können Sie auch noch Ihr Selbstvertrauen stärken, indem Sie eine Liste Ihrer eigenen guten Eigenschaften erstellen.

So stärken Sie Ihr Selbstvertrauen

Nehmen Sie sich ein Blatt Papier zur Hand und beurteilen Sie sich wohlwollend.

Was ich an mir selber mag:

1. ....
2. ....
3. ....
4. ....
5. ....
6. ....
7. ....
8. ....
9. ....
10. ....

Was Sie an sich selbst schätzen, das schätzen auch andere an Ihnen.

Sie sollten zumindest fünf Dinge finden, die Ihnen an der eigenen Person gefallen. Schauen Sie sich Ihre Liste jeden Tag einmal an, um sich zu vergegenwärtigen, dass Sie ein netter Mensch sind. Wenn Ihnen schon lange keiner mehr ein Kompliment gemacht hat, dann machen Sie sich doch einfach selber eines!

Wenn Sie mit dieser Liste Schwierigkeiten haben und Ihnen nichts oder fast nichts Gutes zu der eigenen Person einfällt, dann ist das folgende Kapitel besonders wichtig für Sie.

Mögen Sie sich selbst?

Wer mit sich allein ist, fühlt sich durchaus nicht immer in bester Gesellschaft. Wenn es um Unterhaltung und Motivation geht, dann macht sich ein Mangel an Selbstwertgefühl sehr schnell bemerkbar, sobald man auf sich selbst gestellt ist. Das Zusammensein mit jemand Anderem macht das Alltagsleben oft einfacher, weil man die Verantwortung für alles teilen kann. Man tauscht sich aus, man berät sich, agiert und reagiert und lässt sich von den Ideen des anderen anregen. Doch wenn man allein ist, entfällt all das. Es ist niemand anderer da, der einen ablenkt, so-dass die Freizeit schnell zur Grübelzeit wird, und das bedeutet für manchen ei-ne nicht immer schmei-chelhafte Nabelschau. Da man jetzt nicht mehr dar-um herumkommt, die Ver-antwortung für das eigene Leben ganz allein zu tra-gen, werden Schwachstel-len besonders deutlich sichtbar. Und wer dazu

Wie sieht es mit Ihrem Selbstwert-gefühl aus? Mögen Sie sich, wenn Sie in den Spiegel sehen?

neigt, sich selber zu kritisieren, hat es nun schwer. Man meint oft, wenn man sich erst einmal von einem schwierigen Partner getrennt hat, dass das Leben automatisch zum Kinderspiel wird, aber so mancher hat schon erschreckt festgestellt, dass dem nicht so ist.

Ein positives Selbstwertgefühl ist die Voraussetzung für ein gesundes Selbstbewusstsein.

Um sich alleine wohl fühlen zu können, ist es wichtig, ein solides Selbstwertgefühl zu haben, wobei Selbstwertgefühl nicht das Gleiche ist wie Selbstbewusstsein. Ohne Selbstwertgefühl können Sie niemals echtes Selbstbewusstsein entwickeln, wohingegen sich mit einem soliden Selbstwertgefühl das Selbstbewusstsein relativ schnell aufbauen lässt. Selbstwertgefühl, wie das Wort schon sagt, hat damit zu tun, mit wie viel Respekt man sich selber behandelt, und das wiederum hängt davon ab, mit wie viel Respekt man in der Vergangenheit von anderen behandelt worden ist. Wer ein gutes Selbstwertgefühl besitzt, ist bereits automatisch in vieler Hinsicht selbstbewusst. Ein Mensch mit Selbstwertgefühl pflegt sich, ernährt sich vernünftig und ist generell ausgeglichen. Jemand, der kein Selbstwertgefühl besitzt, vernachlässigt sein Aussehen, hungert sich krankhaft dünn oder stopft sich haltlos voll und wird regelmäßig von (meist negativen) Gefühlen gebeutelt. Ein Mangel an Selbstwertgefühl macht unzufrieden, einsam und seelisch krank.

Wir wollen aber nicht gleich das Kind mit dem Bade ausschütten. Nur weil Sie mit dem Alleinsein nicht so ganz klarkommen, heißt das noch lange nicht, dass sich Ihr Selbstwertgefühl auf dem Nullpunkt befindet. Es kann gut sein, dass Sie lediglich noch nicht mit der Umstellung aufs Alleinsein fertig geworden sind.

Testen Sie doch einfach einmal, was Sie von sich selbst halten.

Wie sieht es mit Ihrem Selbstwertgefühl aus?

Lesen Sie die folgenden Aussagen durch und entscheiden Sie, mit welchen Sie sich identifizieren können. Für jede Aussage, die Ihrer Einstellung sich selbst gegenüber entspricht, geben Sie sich bitte einen Punkt, außer bei den Aussagen 9 und 10, für die Sie sich jeweils zwei Punkte geben sollten.

Test

1. Wenn mich jemand lobt oder mir ein Kompliment macht, dann nehme ich sofort an, dass diese Person es nicht ernst meint, sondern nur aus Höflichkeit nett zu mir ist.
2. Wenn ich mich selber beschreiben müsste, dann wüsste ich nicht viel Gutes über mich zu sagen.
3. Mir fallen immer wieder alte Fehler ein, die schon Jahre zurückliegen, und diese Fehler deprimieren mich heute noch genauso wie früher.
4. Wenn einmal etwas gut klappt, das ich in Angriff genommen habe, sehe ich darin weniger eine lobenswerte Leistung meinerseits als vielmehr einen glücklichen Zufall.
5. Obwohl ich bei der Arbeit von meinem Vorgesetzten gut bewertet werde, denke ich doch immer, dass er eines Tages merken wird, dass ich gar nicht so gut bin, wie er meint.
6. Wenn mir etwas misslingt, dann mache ich mir tagelang hinterher noch innerlich Vorwürfe.
7. Wenn andere sich unterhalten, dann komme ich mir vor wie ein Kind, das Erwachsenen zuhört. Ich halte mich dann ganz raus, denn meine Meinung würde doch sowieso keinen interessieren.
8. Ich kann mir nicht vorstellen, dass mich jemand wirklich mag und mit mir befreundet sein will.

9. Ich wünschte, ich wäre jemand anders, egal wer, nur nicht ich.

10. Wenn mir etwas Unangenehmes passiert, dann sehe ich das als Strafe dafür an, dass ich ein wertloser Mensch bin.

Vielleicht empfinden Sie die obigen Aussagen als etwas drastisch, aber aus der täglichen Praxis mit Patienten kann ich Ihnen versichern, dass diese Einstellungen etwas durchaus Alltägliches sind für jemanden mit niedrigem Selbstwertgefühl. – Schauen wir uns jetzt aber erst einmal die Auswertung der Punktezahlen an.

Punkteauswertung

1 – 2 Punkte: Ihnen fehlt es eher an Selbstvertrauen als an Selbstwertgefühl, doch das lässt sich relativ schnell und leicht mit den Übungen auf Seite 88 beheben.

3 – 6 Punkte: Sie sollten sich bald um eine positivere Einstellung zu sich selbst bemühen, denn Ihr Selbstwertgefühl ist bereits leicht (3 Punkte) oder stärker (6 Punkte) angeknackst. Arbeiten Sie bitte gewissenhaft mit den folgenden Übungen, damit Ihr Selbstwertgefühl bald wieder auf Vordermann kommt.

7 – 12 Punkte: Welche Erlebnisse in Ihrem Leben haben Ihr Selbstwertgefühl so empfindlich gestört, dass Sie sich gar nichts mehr zutrauen und sich selber so abkanzeln? Besonders wenn Sie zu den Aussagen 9 und 10 ja gesagt haben, gibt das Aufschluss darüber, dass Sie mit größeren persönlichen Problemen zu kämpfen haben. Lassen Sie aber bitte deswegen nicht den Kopf hängen. Wenn Sie mit den folgenden Übungen nicht weiterkommen, sollten Sie sich an einen guten Psychotherapeuten oder Hypnosetherapeuten wenden, der Ihnen mit einigen Sitzungen weiterhelfen kann.

Adressen von Psychotherapeuten und Hypnosetherapeuten finden Sie am Ende des Buches.

Als Kind ist man nicht nur auf Nahrung, sondern auch auf Liebe, Zuwendung, Schutz und Anerkennung durch die Erwachsenen angewiesen.

Die Bedeutung von Kindheitserlebnissen für das Selbstbild

Manchmal können uns Erlebnisse aus der Vergangenheit gefangen halten, sodass wir uns nicht voll und ganz auf die Gegenwart konzentrieren können. Gerade was wir in der Jugend durchgemacht haben, kann ungeahnt weitreichende Auswirkungen auf unser späteres Leben haben.

Denken Sie doch einmal darüber nach, was es heißt Kind zu sein. Stellen Sie sich einmal einen Moment lang vor, Sie wären nur einen halben Meter groß und ganz und gar vom Wohlwollen Ihrer Eltern abhängig. Von den Erwachsenen um Sie herum erwarten Sie Nahrung, Liebe, Anerkennung und ein Dach über dem Kopf. Wenn Sie aber statt Zuneigung und Ansprache nur Kälte und Tadel erfahren, dann können Sie als Kind nicht einfach den Koffer packen und gehen, denn Sie haben ja weder Geld noch die Lebenserfahrung, um außerhalb

Wenn Kinder nur Kälte und Tadel erfahren...

81

des Elternhauses zu überleben. Also sitzen Sie fest – ob Sie wollen oder nicht, Sie können der Misere zu Hause nicht entkommen. Wenn Ihnen jeden Tag direkt oder indirekt klar gemacht wird, dass Sie nicht wichtig sind oder nichts taugen, färbt diese Einstellung sehr bald auf Ihre eigene Denkweise ab. Ein Kind hat noch nicht die Fähigkeit, Aussagen von Erwachsenen kritisch zu durchleuchten, und nimmt deshalb automatisch an, dass es selbst die Schuld an der lieblosen Behandlung durch die Eltern trägt. Es entwickelt sich daraufhin allmählich ein negatives Selbstbild, das sich tiefer und tiefer ins Unterbewusstsein eingräbt, sodass der Mangel an Selbstwert auch noch Jahre nach dem Tode der Eltern bestehen bleibt.

> Kinder geben sich immer selbst die Schuld, wenn in der Familie etwas schief läuft.

Fallbeispiel

Herr Jansen (27) litt schon seit zwei Jahren an einer Depression, die er bisher mit Tabletten bekämpft hatte. Da die Tabletten jedoch ein unangenehmes, beklemmendes Gefühl in ihm verursachten und außerdem die Depression nicht wirklich behoben, beschloss Herr Jansen schließlich, sich in psychotherapeutische Behandlung bei mir zu begeben.

Bei der Aufnahme seiner Krankengeschichte stellte sich heraus, dass Herr Jansen in seiner Jugend sehr unter seiner herrischen Mutter gelitten hatte. Sie kontrollierte und kritisierte ihn ständig und erlaubte ihm nicht, ein Privatleben zu entfalten. Herr Jansens Vater war ein energieloser Mann, der hauptsächlich seinen lieben Frieden haben wollte und sich weder um seine Frau noch um seinen Sohn kümmerte. Entsprechend fühlte sich Herr Jansen ständig unter Druck, von seiner Mutter und vom Vater allein gelassen. Er vergrub sich in seine Schulbücher und brachte es so zwar zu guten schulischen Leistungen, wurde aber sozial zum Außenseiter. Sein sehnlichster Wunsch war es, in der Schule beliebt zu sein, und so begann er kleinere Geldbeträge von Mitschülern zu stehlen, in der Hoffnung sich mit dem Geld Freunde erkaufen zu können. Doch eines Tages wurde er erwischt und der Skandal, der jetzt folgte, zerbrach die letzten Reste seines Selbstwertgefühls. Er verließ die Schule mit sechzehn und zog von zu Hause weg, sobald er eine Lehrstelle gefunden hatte.

Zunächst ging es ihm besser, da er gut mit seinem Lehrherrn auskam und sich auch mit den Arbeitskollegen gut verstand. Er arbeitete sich langsam auf eine bessere Position hoch und lernte schließlich mit fünfundzwanzig Jahren ein Mädchen kennen, das zu seiner ersten Freundin wurde. Als die Beziehung aber nach drei Jahren von ihr beendet wurde, zerbrach für Herrn Jansen eine Welt und er versank in eine Depression, mit der er nicht mehr klarkam.

In den Sitzungen arbeiteten wir hauptsächlich einige Kindheitserlebnisse durch und Herr Jansen entdeckte bald, dass seine Depression ein Gefühl des Ärgers maskierte, mit dem er sich anfangs nicht so gern auseinandersetzen wollte. Nachdem er aber seinen Frustrationen aus der Kindheit Luft gemacht hatte, ging es ihm bald besser und nach drei Monaten begann er, im Einvernehmen mit seinem Arzt die Antidepressiva abzusetzen.

Medikamente sind kein Ausweg, um mit seinen Schwierigkeiten fertig zu werden.

Mit einem schwachen Selbstwertgefühl muß man sich nicht abfinden

Unser Selbstwertgefühl wird aber nicht nur von Eltern und anderen Menschen in unseren frühen Jahren geprägt, sondern ist gleichzeitig auch von unserer Persönlichkeit abhängig. Daher erklärt sich auch, warum jemand, der eine starke Persönlichkeit besitzt, es trotz schwieriger Kindheit im Leben weiterbringt, wohingegen ein anderer, der seelisch weniger robust ist, schon an geringeren Lebenshürden scheitert. Menschen sind von Geburt an bereits verschieden in ihrer Persönlichkeit, und je nachdem wie die Umwelt auf die Persönlichkeitszüge des Einzelnen reagiert, haben wir es später im Leben schwerer oder leichter.

Am Selbstwertgefühl lässt sich arbeiten.

Das soll aber nicht heißen, dass sich an einem mangelnden Selbstwertgefühl nichts machen lässt, wenn Sie ein sensibler Mensch sind. Selbstwertgefühl ist etwas Erlerntes, und je nach Persönlichkeitsveranlagung finden Sie es leichter oder schwerer umzulernen oder dazuzulernen. Resignieren Sie also nicht gleich, nur weil Sie jetzt noch von einem mangelnden Selbstwertgefühl geplagt werden. Viel sinnvoller ist es, an einer positiveren Einstellung zu sich selbst zu arbeiten.

Dem Täter auf der Spur

Selbstbefragung

Die meisten Menschen wissen selber, welche früheren Erlebnisse zu ihrem negativen Selbstbild geführt haben. Um herauszufinden, warum Sie sich in der eigenen Haut nicht wohl fühlen, brauchen Sie kein Psychologiestudium, sondern ganz einfach nur gesunden Menschenverstand. – Nehmen Sie jetzt Papier und Bleistift zur Hand und stellen Sie sich die folgenden Fragen:

Frage 1

Wer hat mich in der Jugend oder später im Leben behandelt, als ob ich unwichtig wäre?
(Schreiben Sie ein detailliertes Beispiel aus Ihrer Erinnerung auf.)

Fallbeispiel

Frau Gerber (20) schrieb auf: »Meine Mutter war immer mehr an meinen beiden jüngeren Brüdern interessiert als an mir. Ich erinnere mich, wie sie sich immer eine Menge Zeit nahm, wenn es um die Hobbys meiner Brüder ging. Sie wurden immer klaglos überallhin gefahren, aber wenn ich mal zu einer Veranstaltung wollte, musste ich fast immer den Bus nehmen. Meine Brüder durften auch jederzeit bei Freunden übernachten. Bei mir dagegen war das immer ein Kampf und oft wurde es mir nicht erlaubt.«

Mangelndes Selbstbewusstsein kann auf Zurücksetzung in der Familie zurückgehen.

- Krank sein und niemand kümmert sich um einen.
- Sich verletzen und keine Hilfe erfahren.
- Große Angst zeigen und dafür lächerlich gemacht werden.
- Des Öfteren als Kind von Eltern und Geschwistern weggeschickt werden, weil man stört, usw.

Andere Beispiele

Wer hat mich in der Jugend oder auch später im Leben behandelt, als ob ich ein Versager wäre?
(Schreiben Sie ein detailliertes Beispiel aus Ihrer Erinnerung auf.)

Frage 2

Fallbeispiel

Herr Schneider (52) schrieb auf: »Ich erinnere mich daran, wie in der Schule die Klassenarbeiten ausgeteilt wurden. Der Klassenlehrer fing immer mit den besten Arbeiten an und die schlechtesten kamen zuletzt dran. Er machte sich immer einen Spaß daraus, die letzten fünf Arbeiten mit den Worten anzukündigen: ›Und jetzt zu unseren Versagern. Und wieder einmal dabei sind die Herren Schneider, Walter, Gebhardt ...‹ Leider war mein

Mangelndes Selbstvertrauen kann auf ein negatives Erlebnis in der Schulzeit zurückgehen.

Name mehrere Male auf der Versagerliste. Ich fühlte mich immer unheimlich blamiert.«

Andere Beispiele

- Eine wichtige Prüfung nicht bestanden zu haben.
- Einem nahe stehenden Menschen nicht aus der Not geholfen zu haben.
- Die Arbeitsstelle verloren zu haben, usw.

Frage 3

Welches Missgeschick oder welchen Fehler kann ich mir immer noch nicht verzeihen?
(Schreiben Sie die Begebenheit/en so detailliert wie möglich auf.)

Fallbeispiel

Mangelndes Selbstbewusstsein kann auf Schuldgefühlen basieren.

Frau Kammerer (34) erinnert sich: »Mit sechs Jahren bekam ich zum Geburtstag eine Schildkröte geschenkt. Ich liebte das Tier heiß und innig und richtete ihm in einer Schuhschachtel ein Bett ein. Am ersten Abend gab ich ihr etwas zu fressen und dann legte ich den Deckel auf die Schachtel. Am nächsten Morgen war die Schildkröte tot. Ich war untröstlich. Es war meine Schuld, dass das Tier tot war, weil ich nicht daran gedacht hatte, dass die Schildkröte nicht atmen konnte.«

Andere Beispiele

- Jemand Anderen in der Vergangenheit ein Unrecht getan haben.
- Durch Unachtsamkeit etwas kaputtgemacht oder beschädigt haben.
- Sich durch eigenes Verschulden blamiert haben, usw.

Frage 4

Was hat mir jemand in der Vergangenheit angetan, wofür ich mir noch heute selber die Schuld gebe?
(Schreiben Sie die Begebenheit/en so detailliert wie möglich auf.)

Fallbeispiel

Herr Georg (44) schrieb auf: »Meine Schulzeit war einfach furchtbar für mich. Fast jeden Tag war irgendeine Prügelei im Gange und ich war meistens eines der Opfer. Die meisten Jungen kamen aus einem Elternhaus, wo es aggressiv zuging, und wenn die dann in die Schule kamen, haben sie ihre Wut eben an den schwächeren Kindern ausgelassen. Ich wurde des Öfteren auf dem Schulhof in der Pause mit Wasser übergossen, auf dem Heimweg verprügelt oder sonst irgendwie angegriffen. Bis heute mache ich mir noch Vorwürfe, dass ich so ein Waschlappen war und mich nicht gegen diese Grobklötze verteidigt habe.«

Mangelndes Selbstbewusstsein kann auf Zurücksetzung, Unterdrückung und Verletzung durch Gleichaltrige oder Erwachsene zurückgehen.

- Als Kind oft von Mutter oder Vater geschlagen oder kritisiert werden.
- Von Mitschülern gehänselt werden wegen einer Behinderung oder ungewöhnlichen Aussehens.
- Unsittlich berührt werden als Kind oder Jugendlicher.
- Überfallen oder beraubt werden usw.

Andere Beispiele

Lassen Sie sich etwas Zeit, über jede einzelne Frage nachzudenken. Vielleicht kommt Ihnen nicht sofort ein Beispiel in den Sinn, aber wenn Sie erst einmal mit der Suche nach Antworten anfangen, kommt normalerweise innerhalb der nächsten zehn oder fünfzehn Minuten etwas ins Gedächtnis zurück. Es spielt dabei keine Rolle, ob Sie nur zu einer Frage eine relevante Erinnerung haben oder zu mehreren.

Es ist jetzt wichtig, dass Sie Ihre Erinnerung zu Papier bringen, denn die Tätigkeit des Niederschreibens an sich hat schon etwas Befreiendes. Doch dabei wollen wir es noch nicht bewenden lassen. Jetzt gilt es, diese Erinnerung durchzuarbeiten, und zwar von einem neuen Standpunkt aus.

Betrachten Sie Geschehenes von außen

Übung

Bei dieser Übung geht es darum, Geschehenes von einem neuen Blickwinkel aus zu betrachten. Ich gebe Ihnen zunächst einmal den Grundabriss der Übung und danach erkläre ich noch einmal an den oben aufgeführten Beispielen, wie Frau Gerber, Herr Schneider, Frau Kammerer und Herr Georg diese Übung auf ihre jeweiligen Erinnerungen angewendet haben.

So wird's gemacht

- Machen Sie es sich bequem, entweder im Sitzen oder im Liegen.
- Atmen Sie dreimal tief ein und aus, dann schließen Sie die Augen.
- Denken Sie Ihre Erinnerung in allen Einzelheiten von Anfang bis Ende durch.
- Stellen Sie sich jetzt vor, dass Sie diese Erinnerung auf einem Bildschirm sehen können, als wären Sie lediglich ein außen stehender Zuschauer. Ersetzen Sie dabei Ihre eigene Person im Film durch die eines guten Freundes oder einer guten Freundin.
- Ohne das Geschehen im Film zu ändern, überprüfen Sie bitte, welche Gefühle Sie als Außenstehender Ihrem Freund im Film gegenüber haben, während er/sie sich durch die schwierige Situation schlagen muss.
- Wenn im Filmgeschehen Ihr Freund von jemandem angegriffen wird, dann prüfen Sie auch, was für ein

Gefühl Sie dem Angreifer gegenüber empfinden. Wenn Sie Ärger empfinden, dann gehen Sie als Außenstehender in den Film hinein und drücken Sie Ihren Ärger in Gedanken ganz klar aus.

■ Stellen Sie sich ruhig vor, dass Sie den Angreifer anschreien oder, wenn es sein muss, ihn auch vermöbeln. Auf dem Bildschirm können Sie ruhig richtig Dampf ablassen, dazu ist er ja da.

Wenn wir eine/n Freund/in in der Situation sehen, in der wir uns selbst einmal befanden, dann haben wir ganz automatisch mehr Verständnis für ihn/sie, als wir es für uns selbst in dieser Situation haben.

Schauen wir uns einmal an, wie unsere vier Kandidaten aus den obigen Beispielen mit dieser Übung weitergekommen sind:

Als sie sich ihre Kindheitssituation als außen stehender erwachsener Zuschauer ansah, reagierte Frau Gerber ganz spontan mit Empörung, dass das Mädchen im Film so ungerecht behandelt wurde. Das Mädchen tat Frau Gerber leid. Ich bat sie als Außenstehende jetzt einmal in den Film hineinzugehen und ihren Ärger der Mutter gegenüber auszudrücken. Frau Gerber tat das dann auch und sagte der Mutter im Film einmal richtig die Meinung: »So kannst du doch deine Tochter nicht behandeln!«

Nachdem Frau Gerber sich den Ärger von der Seele geredet hatte, bat ich sie, in Gedanken wieder aus dem Film herauszukommen und zu überprüfen, wie sie sich jetzt fühle. Frau Gerber berichtete, dass sie eine große Erleichterung spürte, nachdem sie zum ersten Mal Dampf abgelassen hatte.

> Wenn man seine eigenen Probleme bei anderen beobachtet, gewinnt man eine neue Sicht der Dinge.

Frau Gerber

89

Herr Schneider

Herr Schneider tat sich erst etwas schwer mit dieser Übung. Er konnte sich zwar vorstellen, dass das Geschehen auf einen Bildschirm übertragen wurde, konnte aber nicht so recht Mitleid mit dem abgekanzelten Jungen im Film empfinden. Ich schlug ihm vor, seinen eigenen Sohn in dieser Szene zu sehen, und da wurde die ganze Übung auf einmal wesentlich leichter! Während Herr Schneider nicht bereit gewesen war, die eigene Person im Film zu verteidigen, waren diese Probleme wie weggeblasen, als es nun um seinen eigenen Sohn ging. Er beschloss, seinen Ärger mit in den Bildschirm zu nehmen und dem Klassenlehrer »einmal so richtig die Meinung zu geigen«, wie er sich ausdrückte. Hinterher fühlte er sich um einiges besser und wie von einem Druck befreit.

Frau Kammerer

Frau Kammerer schaute sich das Geschehen auf ihrem inneren Bildschirm an. Ich bat sie, mir genau zu beschreiben, wie das kleine Mädchen mit der Schildkröte umging, und Frau Kammerer berichtete, wie liebevoll das Mädchen sich um das Tier kümmerte. Sie sah das Kind Gras in die Schachtel legen, damit die Schildkröte es bequem hatte. Sie sah außerdem, wie das Kind dem Tier Wasser im Schälchen und Futter vorsetzte. Ich fragte Frau Kammerer jetzt, ob sie als Außenstehende das Kind als herzlos bezeichnen würde. Doch nun konnte Frau Kammerer erkennen, dass das Kind keineswegs herzlos oder unachtsam war, ganz im Gegenteil. Als sie jetzt zusah, wie das kleine Mädchen den Deckel auf die Schachtel tat, war ihr ganz klar, dass dies aus der Überlegung heraus geschah, die Schildkröte über Nacht warm zu halten. – Nachdem Frau Kammerer das Geschehen von dieser Warte aus betrachtet hatte, war sie sehr erleichtert, dass sie damals keineswegs herzlos gewesen war und sich also auch jetzt keine Vorwürfe mehr zu machen brauchte.

Herr Georg

Herr Georg hatte eine interessante Idee für diese Übung. Er stellte sich vor, dass der Junge im Film sein Sohn war, aber statt jetzt als Außenstehender in den Bildschirm zu marschieren und seinen Sohn zu verteidigen, beschloss er, ihm in Gedanken Selbstverteidigung beizubringen. Als dann der Anführer der Bande wieder einmal auf seinen Sohn losging, schaute er mit größter Befriedigung von außen zu, wie sein Sohn den Angreifer mit einigen geschickten Griffen zu Boden zwang, sodass er jetzt endlich von den anderen ernst genommen wurde. – Nach dieser Übung war Herr Georg sehr zufrieden und beschloss, sich von jetzt an mehr sportlich zu betätigen, um sich physisch stärker zu fühlen.

Eine neue Sicht der Dinge bringt oft Erleichterung.

Haben Sie bitte keine Angst, auf dem Bildschirm Ihren Gefühlen freien Lauf zu lassen. Der Bildschirm ist nicht die Realität und Sie laufen keineswegs Gefahr, zu einem Schlägertypen zu werden, nur weil Sie im Film jemandem eine saftige Ohrfeige versetzt haben. Der Bildschirm gibt Ihnen lediglich die Gelegenheit, den inneren Druck loszuwerden und die alte Erinnerung als erwachsener Mensch zu sehen statt als hilfloses Kind. Probieren Sie es doch einmal selber aus. Sie werden sehen, die positiven Ergebnisse sprechen für sich! Gehen Sie jede Ihrer aufgeschriebenen Erinnerungen auf diese Weise durch und räumen Sie damit in Ihrem Seelenleben auf.

Zusätzlich können Sie das innere Umlernen auch noch mit Entspannung und den folgenden Kurzformeln unterstützen:

Kurzformeln

- Jeder Mensch ist wertvoll und ich bin ein Mensch.
- Jeden Tag erarbeite ich mir mehr Selbstrespekt.
- Ich habe das Recht, mich selber ernst zu nehmen.
- Ich habe ein Recht darauf, von anderen anständig behandelt zu werden.
- Es ist völlig in Ordnung und ganz normal, die eigenen Gefühle wahrzunehmen.
- Jeden Tag freunde ich mich ein bisschen mehr mit mir selbst an.

Das Glück liegt vor Ihrer Haustür

Viele Singles vergraben sich zu Hause, weil sie nicht den Mut haben allein wegzugehen. Das ist schade, weil es sehr schnell langweilig wird im Ohrensessel vor dem Fernseher. Es lohnt sich wirklich in diesem Zusammenhang, das Selbstvertrauen aufzubauen, weil Sie sonst eine Menge schöner und interessanter Dinge im Leben verpassen.

Wir haben uns schon in einem vorigen Kapitel mit der Frage von Hobbys und Wunschträumen beschäftigt, sodass Sie jetzt sicher bereits einige Ideen haben, welche Ziele Sie verfolgen möchten. Das siebte Kapitel soll Ihnen bei der Verwirklichung Ihrer Ziele mit praktischem Rat helfen. Dabei fangen wir erst einmal mit den mehr alltäglichen Dingen an.

Stellen Sie sich doch einmal die folgende Frage: Warum erscheint es uns einfacher, allein einkaufen zu gehen, als allein ins Kino? Denken Sie einmal nach, welche Unterschiede zwischen den beiden Tätigkeiten bestehen. Woran liegt es wohl, dass den meisten Alleinstehenden das Einkaufen leichter fällt als der Kinobesuch?

In manchen Dingen des Alltags sind wir sehr selbständig, andere fallen uns schwerer.

Widerstehen Sie einen Moment der Versuchung weiterzulesen und legen Sie jetzt eine

D E N K P A U S E

ein ...

Merksatz

> ## Eigenes Denken macht stark.

Zu welchem Schluss sind Sie gekommen? Sie werden wahrscheinlich die unterschiedlichen Reaktionen auf einen der folgenden Gründe zurückgeführt haben.

Überlegungen

■ *Allein einkaufen gehen*
Viele Leute gehen allein einkaufen, das ist ganz normal.

Allein ins Kino gehen
Die meisten Leute gehen mit dem Partner oder Freunden ins Kino. Allein ins Kino zu gehen ist ungewöhnlich.

■ *Allein einkaufen gehen*
Einkaufen ist eine aktive Tätigkeit, bei der man etwas zu tun hat. Da gibt es keine peinlichen Pausen, wo man nicht weiß, was man tun soll.

Allein ins Kino gehen
Vor der Kasse Schlange stehen oder im Kino sitzen ist passiv und man weiß nicht, was man machen soll, bevor der Film anfängt. Alle anderen haben jemanden, mit dem sie sich unterhalten können.

■ *Allein einkaufen gehen*
Einkaufen ist eine Notwendigkeit und braucht keinen Spaß zu machen.

Allein ins Kino gehen
Ins Kino gehen sollte Spaß machen, aber wenn man allein geht, ist das vielleicht so unangenehm, dass man den Film gar nicht mehr genießen kann.

Der Unterschied liegt also darin, dass man beim Einkaufengehen etwas zu tun hat und dass man es normalerweise sowieso besser alleine macht, während der Kinobesuch oft zu zweit oder in einer Gruppe stattfindet und es bis zum Anfang der Vorstellung eine gewisse Leerlaufzeit gibt, in der man als Einzelperson meint aufzufallen. Daraus folgt dann, dass es wichtig ist, für diese Leerlaufperioden Vorsorge zu treffen. Schauen wir uns doch einmal verschiedene Situationen an, in denen Sie es sich mit einigen kleinen Tricks einfacher machen können, bis Ihr Selbstvertrauen etwas stabiler geworden ist. (Sie können die folgenden Tips ruhig nach eigenem Geschmack abändern.)

Allein einkaufen gehen ist völlig normal; warum nicht auch einmal allein ins Kino gehen?

Allein ins Kino gehen

Wenn das Licht erst einmal ausgeht, ist die Welt für den Single wieder in Ordnung. Stolpersteine sind das Anstehen an der Kinokasse und das Warten auf den Beginn der Vorstellung.

Tips
- Wappnen Sie sich schon, bevor Sie von zu Hause losgehen! Nehmen Sie sich etwas zu lesen mit. Wenn's geht, etwas, das mit dem Film oder dem Regisseur zu tun hat, vielleicht eine Besprechung in der Zeitung oder eine Kinozeitschrift.
- Beobachten Sie andere Leute um Sie herum. Das an sich hat schon abendfüllenden Unterhaltungs- und Ablenkungswert!
- Nehmen Sie sich etwas zu schreiben mit und nutzen Sie die Wartezeit auf den Film, um endlich den überfälligen Brief an Tante Olga zu verfassen.
- Um den Lernprozess positiv zu unterstützen, machen Sie auch täglich Ihre Entspannungsübung (siehe S. 12) und stellen Sie sich im Anschluss daran vor, wie Sie gelassen und entspannt an der Kinokasse anstehen und wie Sie einen spannenden oder lustigen Film anschauen und sich so richtig wohl fühlen.

Allein ins Theater oder in die Oper gehen

Hier präsentiert sich eine weitere Hürde, und zwar die, dass Sie auch noch eine Pause während der Vorführung überbrücken müssen. Dafür entfällt aber das Anstehen an der Kasse, wenn Sie ein Abonnement haben oder sich die Karte schon vorher zuschicken lassen.

Tips
- Nehmen Sie einen kleinen Schauspielführer mit. Sie können ihn sich ruhig in Ihrer Bücherei ausleihen, wenn Sie keinen eigenen besitzen. Damit haben Sie gleich zwei Fliegen mit einer Klappe geschlagen. Sie informieren sich über das Schauspiel oder die Oper und haben gleichzeitig auch einen angenehmen Pausenfüller.

- Kaufen Sie sich ein Eis, das Sie während der Pause löffeln können. Dabei kann man auch schön andere Leute beobachten (siehe oben)!
- Wenn Sie Interesse am Schreiben haben, nehmen Sie sich einen kleinen Block mit und versuchen Sie, die Atmosphäre im Theater festzuhalten oder auch kleinere schriftstellerische Skizzen von anderen Besuchern zu machen.
- Wie auch schon beim Kino schalten Sie auf eine positive Einstellung um, wenn Sie sich mehrmals täglich mit geschlossenen Augen vorstellen, wie Sie sich frei und ungezwungen im Theater oder in der Oper bewegen.

Allein in eine Ausstellung gehen

Das ist relativ einfach, weil hier etwas »zu tun« ist. Es ist auch eine gute Möglichkeit, mit anderen ins Gespräch zu kommen, wenn sich die Gelegenheit bietet.

- Kaufen Sie sich auf jeden Fall einen (zumindest kleinen) Katalog der Ausstellung.

Tips

- Sie können relativ zügig durch die Ausstellung gehen und müssen nicht vor jedem Bild oder Kunstwerk lange stehen bleiben. Für das Kunstwerk, das Ihnen gefällt, sollten Sie sich allerdings ruhig Zeit nehmen.
- Bleiben Sie eine Weile stehen, schauen Sie es sich genau an, als ob Sie morgen einen Schulaufsatz darüber schreiben müßten. Je mehr Sie sich in ein Bild oder eine Statue vertiefen können, desto befriedigender wird Ihr kleiner Ausflug ausfallen.

Allein essen gehen

Ähnlich wie im Kino und im Theater fühlen sich die meisten Leute wohler, wenn erst einmal etwas zum Essen auf dem Tisch steht, weil sie dann »aktiv« werden können.

Tips

Fangen Sie im Kleinen an und arbeiten Sie sich zu schwierigeren Situationen hoch. Üben Sie erst einmal, allein in ein Café zu gehen. Nehmen Sie sich eine Tageszeitung oder Illustrierte mit, bestellen Sie sich etwas zu trinken und bleiben Sie eine gute halbe Stunde lang im Café, während Sie ein bisschen in der Zeitung lesen, sich ein wenig umschauen, dann wieder weiterlesen.

- Setzen Sie sich *bequem* hin. Achten Sie darauf, dass Sie nicht auf der Stuhlkante sitzen.
- *Tun Sie so,* als ob Sie ganz gelassen wären. Mit etwas Übung sind Sie bald in Wirklichkeit gelassen.
- Lassen Sie sich ruhig auf ein kleines Gespräch ein, wenn es sich mit einem Tischnachbarn oder der Kellnerin ergibt.
- Wenn's geht, rauchen Sie bitte nicht. Rauchen ist ein Zeichen mangelnden Selbstvertrauens. Wenn Sie sich an etwas festhalten müssen, dann ist Ihre Tageszeitung oder Illustrierte eine viel gesündere Alternative.

Wenn Sie sich im Café langsam wohler fühlen, können Sie den nächsten Schritt angehen. Suchen Sie sich ein kleines Restaurant aus, in dem es informell zugeht. Ein Mittagessen allein ist zunächst einfacher als ein Abendessen allein.

- Nehmen Sie sich ruhig auch hier ein Taschenbuch oder eine Zeitschrift mit.

- Versuchen Sie jetzt auch einmal längere Zeit nicht zu lesen, sondern üben Sie, sich im Restaurant umzuschauen und den Kellnern beim Servieren zuzusehen.

Es mag für Sie im Moment nicht besonders wichtig erscheinen, allein essen gehen zu können, aber wenn Sie einen Urlaub planen, sollten Sie es erst einmal zu Hause beherrschen, denn im Urlaub ist es schön, wenn Sie sich gleich von Anfang an wohl fühlen, sodass Sie ihn ganz und gar genießen können.

- Beim allein Essengehen ist es besonders wichtig, dass Sie die richtige geistige Einstellung üben. Es heißt also auch hier, sich so oft wie möglich im Geiste das erfolgreiche Endergebnis vorzustellen. Wenn Sie sich hierbei besonders nervös fühlen, dann vergessen Sie bitte nicht, erst die körperliche Entspannungsübung vorzuschalten.

Allein essen gehen übt man am besten mit einem Café-Besuch ein.

Allein in den Urlaub fahren

Genau wie beim Essengehen empfiehlt es sich auch hier, wieder klein anzufangen. Statt gleich einen zweiwöchigen Urlaub zu buchen, testen Sie erst einmal Ihre Fähigkeiten an einem Wochenendausflug. Das braucht auch gar nicht weit weg zu sein. Oftmals bieten sich in der Nähe einer Großstadt interessante Besichtigungsmöglichkeiten, und auch wenn Sie eher ein Naturfreund sind, lässt sich in einer landschaftlich schönen Gegend viel unternehmen. Egal was für Vorlieben Sie haben,

Mit einem Kurztrip anfangen

wenn es um einen Wochenendurlaub geht, ist es wichtig, dass Sie wenigstens *eine* Übernachtung einplanen. Auf diese Weise können Sie gleich ausprobieren, wie gut es schon mit dem Essengehen klappt und an welchen Problemen Sie noch etwas arbeiten müssen.

Tips

- Bereiten Sie sich auch auf einen kurzen Urlaub gut vor. Lesen Sie schon zu Hause nach, welche Sehenswürdigkeiten es gibt, und erstellen Sie einen kleinen Plan, wie Sie Ihre Besichtigungstour durchführen wollen. Besorgen Sie sich auch einen handlichen Stadtplan, der in die Jacken- oder Handtasche passt und auf dem Sie sich mit Leuchtstift die einzelnen Anlaufpunkte markieren.
- Wenn Sie lieber aufs Land wollen, dann besorgen Sie sich einen Wanderführer der Gegend. Sollten Sie Bedenken haben alleine zu wandern, suchen Sie sich eine Urlaubsgesellschaft oder einen Verband aus, der Gruppenwanderungen veranstaltet. Aber auch das Alleinwandern kann Spaß machen, solange Sie vernünfig angezogen sind und sich nicht zu viel zumuten. Lieber eine kleinere Strecke wählen, als sich überanstrengen, wenn Sie nicht besonders fit sind. Sollte es Sie beunruhigen allein loszugehen, dann sagen Sie einfach in Ihrem Gasthof oder Hotel jemandem, welche Wanderung Sie geplant haben, damit man weiß, wo Sie sind.

In der Gruppe verreisen

Wenn es bei Ihrem Wochenendausflug schon recht gut klappt, dann können Sie ruhig langsam an einen größeren Urlaub denken.

Sollten Sie ein Hobby haben oder etwas Neues lernen wollen, gibt es viele Möglichkeiten, Ihren Urlaub mit Ihrem Interessensgebiet zu verbinden. Reisegesellschaften bieten heutzutage etwas für jeden an und Sie müssen keineswegs ins Ausland zu reisen, um einer Liebhaberei zu frönen. Der große Vorteil an einem Aktivurlaub ist, dass Sie von Anfang an mit Gleichgesinnten zusammen sind. Das macht es sehr einfach, schnell Kontakt zu finden. Schon am ersten Tag kommt man ins Gespräch, erzählt von sich und hört anderen zu, und schon entwickeln sich Freundschaften, die oft noch Jahre später anhalten.

Fallbeispiel

Vor etwa zwölf Jahren hatte ich beschlossen, zum Italienischlernen nach Piemont zu reisen. Ich war damals zweiunddreißig und eben nach England gezogen, nach der Scheidung von meinem Mann. Der Italienischkurs interessierte mich, weil während des dreiwöchigen Aufenthaltes auch Wanderungen in den Bergen unternommen werden sollten. Ich reiste also mit dem Zug zu der Bahnstation, von der aus es in das kleine Bergdörfchen weiterging, wo sich unser Gasthof befand. Schon am Bahnhof traf ich einige der anderen Teilnehmer, sodass wir uns ein Taxi teilen konnten.

Gehen Sie Ihrem Hobby in einem Aktivurlaub nach. Sie sind von Anfang an mit Gleichgesinnten zusammen.

Die Gruppe war gemischt – von achtzehn bis sechsundsechzig waren alle Altersklassen von Männern und Frauen vertreten. Ich teilte mein Zimmer mit einem sehr netten jungen Mädchen, mit dem ich mich auch später noch des Öfteren traf. Da wir alle Mahlzeiten zusammen einnahmen, kam ich schnell auch mit anderen Teilnehmern ins Gespräch, und schon bald entwickelte sich eine Freundschaft mit einer Dame aus Bremen, die zwar wesentlich älter war als ich, mit der ich mich jedoch hervorragend verstand. Ingrid war ein Naturfreund und erklärte mir auf den Wanderungen, welche Pflanzen und Bäume wir unterwegs sahen. Auch in den Italienischstunden gab es viel Spaß mit einer netten Lehrerin, die Sinn für Humor hatte, und bald hatten wir einige Standardwitze, die noch tagelang die ganze Gruppe zum Lachen brachten.

Ingrid und ich stehen nach wie vor in Kontakt, schreiben uns und telefonieren miteinander und haben uns auch schon mehrmals gegenseitig besucht, obwohl Ingrid inzwischen von Bremen in die Schweiz gezogen ist. – Noch heute erinnere ich mich sehr gerne an diesen Urlaub.

Wenn Sie alleine reisen wollen

Doch nicht jeder möchte so einen Gruppenurlaub machen. Wenn Sie lieber unabhängig verreisen, sollten Sie Folgendes beachten:

- Üben Sie *vor* dem Urlaub allein essen zu gehen, nicht erst während des Urlaubs.
- Machen Sie es sich zur Regel, von Anfang an ein paar freundliche Worte mit dem Hotelpersonal zu wechseln, egal ob es der Herr am Empfang ist oder das Zimmermädchen. Wenn sich mit dem einen oder anderen Angestellten ein kleines Gespräch entwickelt, fühlen Sie sich gleich mehr zu Hause.
- Machen Sie es sich ebenfalls zur Regel, andere Hotelgäste, die Sie mehr als einmal gesehen haben, zu grüßen. Auch hier können sich nette Unterhaltungen ergeben.

Mit ein paar freundlichen Worten ist das Eis schnell geschmolzen.

Sollten Sie im Hotel jemanden treffen, der auch allein reist, dann kann das natürlich sehr schön sein, wenn man zusammen etwas unternimmt. Testen Sie aber bitte erst vorsichtig an, ob Sie mit der anderen Person auch auskommen, und machen Sie nicht nach den ersten fünf Minuten Bekanntschaft schon große Pläne, was sie für den Rest des Urlaubs zusammen unternehmen wollen. Nichts ist schlimmer, als mit einem Kulturfanatiker herumzuziehen, wenn Sie es sich lieber am Strand mit einem Cocktail gut gehen lassen wollen.

Wenn Sie mit einem Ehepaar oder einer Gruppe anderer Hotelgäste ins Gespräch kommen, überlassen Sie es als Alleinreisender *immer* den anderen, Sie zu gemeinsamen Unternehmungen einzuladen. Es kann peinliche Folgen haben, wenn Sie sich selbst einladen. Ein freundliches Gespräch ist kein Freibrief, sich anderen aufzudrängen. Sie können allerdings ohne weiteres die anderen einladen, sich Ihnen anzuschließen.

Eine Gruppenreise hat viele Vorteile: Der Tapetenwechsel bringt Sie auf neue Gedanken. Sie können sich auf die Organisation durch andere verlassen und – sind garantiert nicht solo.

■ Sollten Sie zu einem Ausflug eingeladen werden, dann sagen Sie ruhig ja, wenn Ihnen die Leute sympathisch sind. Und wenn Sie gut miteinander auskommen, dann können Sie das nächste Mal Ihrerseits Ihre neuen Bekannten zum Mitkommen einladen.

Reisen entspannt nicht nur, sondern hilft auch, alte Probleme in neuem Licht zu sehen.

Ein Tapetenwechsel in Form eines Urlaubs hat viele Vorteile. Zum einen können Sie das Leben im Urlaub etwas beschaulicher angehen lassen und sich entspannen und zum anderen ist ein Urlaub wie ein seelisches Luftholen. »Da baumelt die Seele mit den Beinen«, wie Erich Kästner einmal sagte. Die neue Umgebung bringt auch neue Gedanken mit sich und durch die räumliche Distanz von zu Hause sieht man alte Probleme oft klarer und in einem neuen Licht, sodass es leichter fällt Lösungen zu finden, die dann nach dem Urlaub in die Tat umgesetzt werden können. Lassen Sie sich also dieses erfreuliche Intermezzo im Alltagsleben nicht entgehen, nur weil Sie Bedenken haben allein wegzufahren. Fangen Sie gleich heute zu Hause mit dem Üben an, dann sind Sie fit, wenn es in den Urlaub geht!

Fragen und Antworten

In meiner täglichen Arbeit als Psychotherapeutin und Lektorin komme ich regelmäßig mit Menschen zusammen, die sich mit dem Alleinsein schwer tun. Manchmal ist das Selbstvertrauen durch eine Trennung angeschlagen, manchmal liegt das Problem darin, dass der Klient oder die Klientin nicht über den Verlust des Partners hinwegkommen kann. Dabei kommen immer wieder Fragen auf, die die Klienten beschäftigen oder auch ängstigen, und da in diesem Zusammenhang häufig ähnliche Probleme angesprochen werden, möchte ich sie hier einmal, zusammen mit meinen Antworten, wiedergeben.

»Muss mein Leben so langweilig sein, nur weil ich alleine bin?«

Frage

Wenn Sie allein stehend sind, müssen Sie sich schon die Mühe machen, für Ihre eigene Unterhaltung zu sorgen. Überprüfen Sie einmal, ob es Ihnen nur an Ideen mangelt oder ob Sie Angst haben, vorhandene Ideen in die Praxis umzusetzen. Wenn Sie nicht wissen, was Sie interessieren könnte, schauen Sie doch einmal, was es an Ihrem Wohnort an Kursen oder Gruppen gibt, oder besorgen Sie sich bei Ihrem Zeitschriftenhändler einschlägige Literatur. Wenn es an Mut fehlt, dann gehen Sie noch einmal die Übungen auf den Seiten 75 und 88 in diesem Buch durch, um das Selbstvertrauen zu stärken. Und wenn alle Stricke reißen, dann lassen Sie sich von einem guten Therapeuten weiterhelfen. Im Anhang auf Seite 120 finden Sie eine Adresse, an die Sie sich wenden können.

Frage

»Ich bin siebenundzwanzig, seit vier Jahren Single, und es macht mir eigentlich nicht viel aus. Nur manchmal denke ich, dass ich vielleicht nicht normal bin, weil ich noch nicht verheiratet bin und Kinder habe. Was meinen Sie?«

Die große Frage hier ist: Was ist eigentlich normal? Der einzige Maßstab, den Sie anlegen können, ist, ob Sie persönlich sich wohl fühlen. Wenn ja, dann können Sie beruhigt die Frage der »Normalität« aus Ihrem Gedankengut ausklammern. Wenn Sie sich als Single *nicht* wohl fühlen, sollten Sie überlegen, woran das liegt, denn erst dann können Sie etwas gegen das Problem unternehmen.

Frage

»Ich fühle mich als Single so einsam. Was kann ich dagegen machen?«

Alleinsein ist nicht das Gleiche wie Einsamsein. Wenn Sie sich einsam fühlen, dann ist es wichtig, sich um häufigeren oder um engeren menschlichen Kontakt zu bemühen. Als Faustregel gilt, dass Sie erst dann genügend (positiven) menschlichen Kontakt haben, wenn Sie sich auf ein gelegentliches Wochenende allein zu Hause freuen können. Lesen Sie noch einmal im fünften Kapitel (S. 74 ff.) nach, wie Sie es anstellen können, neue Freunde zu gewinnen.

»Ich habe eigentlich kein Problem mit dem Alleinsein, aber es geht mir unwahrscheinlich auf die Nerven, wenn meine Mutter und andere ältere Leute hier auf dem Dorf mir ständig nahe legen, mir eine Freundin zuzulegen. Wie kann ich da Abhilfe schaffen?«

Wegziehen wäre natürlich das Einfachste. Es ist heute immer noch einfacher, in der Großstadt als Single zu leben als auf dem Dorf, wo mehr geklatscht wird und wo es oft noch recht konservativ zugeht. Ihre Mutter meint es sicherlich gut, aber das nützt Ihnen wenig, wenn Sie sich bevormundet fühlen. Besprechen Sie das Problem doch einmal mit Ihrer Mutter und bitten Sie sie, mit den ständigen Hinweisen aufzuhören. Tun Sie das auf ruhige Weise und unterstreichen Sie Ihre Bitte, indem Sie sie, falls Ihre Mutter doch wieder auf das alte Thema verfällt, sofort mit dem Hinweis unterbrechen: »Mutti, das hatten wir doch neulich besprochen, dass du mir nicht dauernd das alte Lied vorgeigst ...!« Im Notfall sollten Sie das Zimmer verlassen, wenn das Thema trotzdem noch gegen Ihren Willen angeschnitten wird.

»Ich bin zwar durchaus in der Lage, allein auszugehen und zu verreisen, aber ich genieße es alleine einfach nicht so sehr.«

Dann suchen Sie sich doch jemanden, der mit Ihnen fährt! Entweder schließen Sie sich einer Interessengruppe an (siehe S. 100) oder fragen Sie im Freundes- oder Familienkreis herum, wer eventuell Interesse hätte, mit Ihnen zu verreisen. Wenn es Ihnen Spaß macht, können Sie auch Arbeitsferien im Ausland machen, wo Sie garantiert neue Freunde gewinnen. Je mehr Freundschaften Sie schließen und je mehr Sie alte Freundschaften pflegen, desto eher finden Sie jemanden, der Ihre Interessen teilt und mit Ihnen wegfahren möchte.

Frage

»Ich bin seit einem Jahr in einer Beziehung, die gar nicht gut läuft. Ich weiß, dass ich mich eigentlich von meinem Partner trennen sollte, aber ich habe ein Grauen vor dem Alleinsein. Wie komme ich aus dieser Zwickmühle heraus?«

Finden Sie erst einmal heraus, wovor Sie denn so viel Angst haben. Fragen Sie sich, mit welchen Aspekten des Alleinseins Sie meinen nicht fertig werden zu können, damit Sie an diesen Problemen arbeiten können. Wenn Sie glauben, es alleine nicht zu schaffen, dann spannen Sie einen guten Therapeuten ein. Sie gewinnen nichts, wenn Sie tatenlos in Ihrer jetzigen unbefriedigenden Beziehung ausharren. Besonders wenn Sie auf der Suche nach dem richtigen Partner sind, blockieren Sie sich selbst, wenn Sie sich nicht so bald wie möglich aus der jetzigen Beziehung lösen und erst einmal eine Weile allein bleiben, um wieder zu sich selbst zu finden.

Frage

»Ich war am Boden zerstört, als meine Freundin mich vor drei Monaten verließ. Eine Arbeitskollegin hat sich sehr nett um mich gekümmert, sodass ich mich bald besser fühlte. Ich glaube, ich habe mich etwas in die Kollegin verliebt, und sie mag mich offensichtlich auch. Soll ich der Versuchung nachgeben, mit Ihr ein Verhältnis anzufangen?«

Drei Monate sind eine sehr kurze Zeit, um mit einer Trennung fertig zu werden. Es ist unwahrscheinlich, dass Sie so schnell schon für eine ernsthafte Beziehung bereit sind. Sie tun weder sich noch der hilfsbereiten Kollegin einen Gefallen, wenn Sie sich in eine Affäre mit ihr stürzen. Ihre Kollegin erhofft sich aller Wahrscheinlichkeit nach eine ernsthafte Beziehung und wäre sehr verletzt, wenn sich letztendlich herausstellte, dass Sie sie nur benutzen, um Ihr angeknackstes Selbstvertrauen wieder aufzubauen. Widerstehen Sie der Versuchung, wenn es irgendwie geht, und wenn nicht, dann seien Sie zumindestens von Anfang an ehrlich über Ihre Absichten.

»Ich übe, so oft es geht, allein wegzugehen und es geht schon viel besser. Trotzdem kann ich mir nicht vorstellen, dass ich es wirklich so gut lerne, dass ich mich ganz und gar dabei entspannen kann. Oder bin ich zu pessimistisch?«

Frage

Wenn Sie einmal darüber nachdenken, was Sie noch vor vier Wochen über das Weggehen alleine gedacht haben, dann wären Sie wahrscheinlich heute sehr überrascht. Wenn Ihnen jemand vor vier Wochen gesagt hätte, Sie könnten bald alleine ins Café und sogar ins Theater gehen, dann hätten Sie das wahrscheinlich als unwahrscheinlich abgetan und doch haben Sie beides schon durch vier Wochen Üben geschafft! Stellen Sie sich einmal vor, was Sie mit weiteren vier Wochen Üben schaffen können. Sie haben bereits einen Riesenschritt vorwärts getan, und was Sie bis jetzt gelernt haben, wird schon in den nächsten Wochen leichter, bis Sie sich gar nichts mehr dabei denken, alleine wegzugehen. Verschwenden Sie also Ihre kostbare Gedankenenergie nicht mit Zweifeln, sondern freuen Sie sich daran, was Sie schon alles geschafft haben, und sehen Sie Ihre bisherigen Fortschritte als positive Prognose für die Zukunft an. Machen Sie so weiter und bald haben Sie es geschafft!

*Entspannen Sie
sich bei schönen
und beruhigenden
Bildern!*

Das Single-Skript

Sie sind jetzt schon hoffentlich dabei, eine oder mehrere der Übungen aus den vorigen Kapiteln zu praktizieren. Wenn Sie dabei schneller vorankommen wollen, können Sie sich das folgende positive Skript selber auf Band sprechen oder auch mehrmals täglich durchlesen. Manche meiner Seminarteilnehmer lernen ihr jeweiliges Skript auch auswendig, sodass sie es jederzeit benutzen können, wenn sich tagsüber eine Gelegenheit ergibt. Besonders günstig ist es auch, das Skript vor dem Einschlafen oder kurz nach dem Aufwachen zu wiederholen. Auf diese Weise haben Sie gleich zwei Fliegen mit einer Klappe geschlagen – nicht nur dass Sie nachts besser schlafen, sondern Sie haben auch gleichzeitig Ihr Unterbewusstsein für den Tagesbeginn positiv gepolt.

Wenn Sie das Skript auf Band sprechen, fangen Sie erst mit der Körperentspannung an, wie Sie sie auf Seite 12 gelernt haben.

Teil 1

- »Ich mache es mir jetzt einmal ganz bequem und höre einen Moment lang meinem Atem zu ... (Pause) ...

Entspannung

111

- Ich konzentriere mich jetzt auf meine Füße ... (Pause) ...
- Meine Füße sind schwer wie Blei ... Füße schwer und schwerer, schwer wie Blei ...
- Ich konzentriere mich jetzt auf meine Beine ... (Pause) ...
- Meine Beine sind schwer wie Blei ... Beine schwer und schwerer, schwer wie Blei ...«
  (usw. mit Händen, Armen, Rücken und Kopf)

Tip

> Wenn Sie diesen ersten Teil auf Band sprechen, tun Sie so, als würden Sie die Übung in diesem Moment tatsächlich durchführen. Auf diese Weise sprechen Sie automatisch im richtigen Tempo auf Band.

Jetzt geht es wie folgt weiter:

Teil 2

Positive Einstimmung

- »Ich kann mich schnell und leicht entspannen. Mit jedem Atemzug schwebe ich tiefer, bis ich mich ganz und gar wohlig und entspannt fühle.
- Ganz langsam merke ich, wie auch mein Geist allmählich zur Ruhe kommt. Mein Körper ist ruhig und mein Geist ist still. Ich weiß, dass ich alles lernen kann, was ich zu einem glücklichen Leben brauche, und die Stille meines Körpers hilft mir, meine gesteckten Ziele leicht und sicher in angemessener Zeit zu erreichen. Ich bin ruhig und gelassen und alles Neue lerne ich schnell und mühelos.

Freuen Sie sich über Ihre Selbständigkeit und entdecken Sie das Lachen wieder!

Meine Gelassenheit hilft mir, mich frei und unbeschwert unter meinen Mitmenschen zu bewegen. Meine Gelassenheit hilft mir auch, mich zu konzentrieren, sodass ich mein Leben voll im Hier und Jetzt genießen kann. Ich freue mich über meine neue Selbständigkeit und mit jedem Tag fühle ich mich leichter und unbeschwerter. Ich sehe jedem neuen Tag mit ruhiger Freude entgegen. Ich entdecke das Lachen wieder. Ich bin positiv, warm und aufgeschlossen und freue mich jetzt schon auf all die schönen Erlebnisse, die vor mir liegen.«

Tip

> Sprechen Sie langsam, damit auch Ihre Stimme auf Band die erstrebte Gelassenheit und Ruhe wiedergibt, die Sie anstreben.

Wenn Sie sich das Skript nicht auf Band sprechen können oder wollen, dann benutzen Sie nur den zweiten Teil, ohne die Entspannungsübung. Schreiben Sie sich die Suggestionen auf einem separaten Zettel auf und stecken Sie ihn ein, sodass Sie sich Ihr Skript immer wieder durchlesen können. Besonders am Anfang sollten Sie das Skript mindestens zehnmal am Tag intensiv durchlesen. Intensiv in diesem Zusammenhang heißt: mit Gefühl. Sie werden sehr schnell merken, dass Sie schon allein beim Lesen des Skripts ein positives Gefühl feststellen können. Je mehr Sie mit dem Skript üben, desto einfacher wird es, sich wirklich entspannt und gelassen in neue Situationen zu begeben. Und dann stellen Sie sich einmal vor, wie Sie sich fühlen, wenn Sie erst einmal Ihren ersten Ausflug alleine erfolgreich absolviert haben! Ihr Selbstvertrauen wird stärker, Ihr Selbstwertgefühl solider und Sie fühlen sich innerlich gefestigt und ruhig.

Lesen Sie Ihr Skript mit Gefühl!

Es ist wirklich alles nur eine Frage der Übung, also fangen Sie gleich heute damit an! Schaffen Sie Ihr eigenes Glück und bringen Sie Zauber und Freude in Ihr Leben. Denken Sie immer daran:

Merksatz

> **Was andere können, können Sie auch!**

Alle positiven Kurz-
formeln und Merksätze
im Überblick

Achtung: Bevor Sie sich Ihre positiven Kurzformeln vor-
sprechen, beginnen Sie mit einer körperlichen Entspannungsübung (siehe S.12), denn körperliches Wohlbefinden
beeinflusst Ihre Gedanken positiv:

- Ich sehe jedem neuen Tag mit ruhiger Freude entgegen.
- Ich liebe das Leben und bin warm und aufgeschlossen.
- Ich bin stark und gelassen, und ich kann es mir er-
  lauben, mich zu entspannen.
- Mit jedem Tag fühle ich mich positiver und optimi-
  stischer.
- Heute gelingt mir vieles, und ich freue mich an allen
  meinen Erfolgen.

Wenn sie Ihr
ganzes Denken
und Handeln
auf positiv um-
stellen wollen.

- Mit jedem neuen Tag kann ich dem Alleinleben mehr
  Vorteile abgewinnen.
- Ich freunde mich schnell und leicht mit dem Allein-
  leben an.
- Ich freue mich jeden Tag an den guten Fortschritten, die
  ich mache.
- Ich schätze mich glücklich, all die Vorteile des Allein-
  lebens voll auskosten zu können.
- Wer wagt, gewinnt! Heute probiere ich wieder etwas
  Neues aus.
- Mein Selbstvertrauen festigt sich mehr und mehr.

Wenn Sie die
positiven Seiten
des Alleinseins
für sich ent-
decken wollen.

115

Wenn Sie die Vergangenheit hinter sich lassen und nötige Umstellungen erfolgreich meistern wollen.	▬ Ich verzeihe mir die Fehler, die ich in der Vergangenheit gemacht habe und lerne aus ihnen. ▬ Ich arbeite jetzt an mir selber, um meine Einstellung zu verbessern. ▬ Ich verzeihe mir und anderen alles und fange jetzt neu an. ▬ Ich lasse meine Schuldgefühle in der Vergangenheit zurück und gehe mit neuer Tatkraft an die Verbesserung meines Verhaltens.

Wenn Sie sich neue Ziele stecken wollen.

Im Beruf
▬ Ich strebe nach größeren Aufgabengebieten und finde die richtige Stelle zum richtigen Zeitpunkt.

Besseres Einkommen
▬ Ich freue mich, Positives und Erfreuliches mit meinem Geld auszurichten.

Urlaub
▬ Ich freue mich darauf, mir bald einen schönen Urlaub gönnen zu können.

Bekanntschaften machen
▬ Es fällt mir leicht, neue Menschen kennenzulernen. Meine Offenheit und Freundlichkeit zieht andere wie ein Magnet an.

Etwas Neues lernen
▬ Lernen fällt mir leicht und macht mir großen Spaß.

Wenn Sie neue Freunde finden wollen.

▬ Ich finde schnell und leicht neue Freunde.
▬ Ich freue mich darauf, mit guten Freunden Schönes zu unternehmen.
▬ Freunde sind mir wichtig und ich pflege meine Freundschaften liebevoll.
▬ Ich ziehe nette Menschen wie ein Magnet an.

- Jeder Mensch ist wertvoll, und ich bin ein Mensch.
- Jeden Tag erarbeite ich mir mehr Selbstrespekt.
- Ich habe das Recht, mich selber ernst zu nehmen.
- Ich habe ein Recht darauf, von anderen anständig behandelt zu werden.
- Es ist völlig in Ordnung und ganz normal, die eigenen Gefühle wahrzunehmen.
- Jeden Tag freunde ich mich ein bißchen mehr mit mir selber an.

Wenn Sie Ihr Selbstwertgefühl verbessern wollen.

Alle Merksätze auf einen Blick

1. Man kann alles lernen.

2. Sie können mehr, als Sie glauben.

3. Je ruhiger und positiver Sie sind, desto erfolgreicher sind Sie im Leben.

4. Nur wenn Sie wissen, was Sie wollen, können Sie es auch erreichen.

5. Was du heute kannst besorgen, hat nicht Zeit bis übermorgen!

6. Negativität ist ansteckend – vermeiden Sie sie!

7. Eigenes Denken macht stark.

8. Was andere können, können Sie auch!

Stichwortverzeichnis

Nützliche Adressen

Um einen guten Therapeuten in Ihrer Gegend zu finden, können Sie sich schriftlich oder telefonisch an folgende Adresse wenden:

> Institut für Humanistische Psychologie
> Schubbendenweg 4
> 52249 Eschweiler
> Tel. 02403/4726

Ein Berufsverbandsverzeichnis von Psychotherapeuten ist dort ebenfalls erhältlich.

Um einen Hypnosetherapeuten zu finden, wenden Sie sich bitte an die folgende Adresse:

> Deutsche Gesellschaft für ärztliche Hypnose
> und Autogenes Training eV
> Oberforstbacher Str. 416
> 52076 Aachen
> Tel. 0241/708742

Sollten Sie noch Fragen zum positiven Denken haben, können Sie mich unter der folgenden Anschrift erreichen:

> Vera Peiffer
> The Peiffer Foundation
> 18 – 20 The Grove
> London W5 5LH
> ENGLAND